超過 10 元的錢幣我便十分小心了，盡可能請身邊行家幫著掌掌眼。閒暇之餘我又將各種不同鏽色錢幣相互對比，努力去瞭解古錢幣鏽色的成因。逐步提高鑒別能力後，我又開始涉及中檔錢幣，並且也十分小心。雖然如此，也免不了要「交學費」，但是我從不灰心，總結經驗，汲取教訓，在不斷探索中取得了真經。漸漸地，我開始收藏高檔錢幣，起初我也撿到過漏，淘到過寶貝，但這種機遇並不多，於是我轉變策略，首先說服身邊的藏家們轉讓藏品，只要以誠相待，在交易上採取大度態度，捨得出價，一般藏家都會割愛。

其次就是瞄準錢幣拍賣會，在具體操作中也悟到了不少「名堂」。比如在拍品預展時要認真審驗拍品，因為拍賣公司不是保險公司，也可能會有贗品。一旦有相中的錢幣就計畫去爭取，但是心中要有價位的底線，不能逞強更不能感情用事，切忌輕信拍賣會的成交記錄（就拍賣成交記錄而言，有私底下假拍的交易存在）。

只要頭腦清醒，外在因素就不會左右你的收藏趨向和思路。如果想出手的藏品，但市場不被接受，說明你收入的藏品有問題，應儘早吸取經驗教訓，調整收藏思路，才不至於成為贗品藏家。錢幣收藏更要切記不要盲目跟風，不要聽信錢商、捐客、托兒們的「忽悠」，要堅定意念，相信自己的眼力。對吃不準的藏品，寧可錯過，也不要輕易吃進。對於個別錢幣專家談出的看法，只能參考，不能迷信，要相信自己的眼力和判斷。

就這樣，透過自己的努力，我的藏品逐漸豐富起來。閒暇之餘，捧出心愛的錢幣細細品味，可謂「其樂無窮」，正如錢幣大師馬定祥所說「方圓乾坤裏，多少使人迷」。同時我又深深感到僅僅收藏還不夠，重要的是對每一枚錢幣進行深入探討和研究，形成自己獨特的見解。如果光整理你的錢品而不去研究，那麼只能算這些錢幣的保管員，毫無意義。所以我們愛好收藏的人，首先心態要平衡，量力而行，做到循序漸進，不斷學習，多看、多問、多思、多想，慢慢積累經驗，就會形成自己獨特的收藏見解，由外行到專家。

《錢幣鑑賞與收藏》一書的編撰，歷經一年多。筆者對自己 20 多年來收藏的上萬枚古幣進行了有針對性的挑選和整理，同時又獲得了同好們的支持，現今能順利出版，要感謝安徽科學技術出版社、安徽省錢幣學會以及各界好友馬傳聽、郭偉、柯昌建、李紹浩、張運強、李嵩山、王羊等對我的大力支持，謹此一併向諸位再次致謝！

由於水平有限，書中不當及疏漏之處在所難免，敬請各界專家、讀者指正。

作者：吳雄勝

國家圖書館出版品預行編目資料

錢幣鑑賞與收藏 ／ 吳雄勝 蔣科 著
——初版，——臺北市，品冠文化，2013〔民102.01〕
面；26公分 ——（鑑賞系列；6）
ISBN 978－957－468－924－8（平裝）

1.古錢 2.中國

793.4 101022957

錢幣鑑賞與收藏

著　　者／吳雄勝 蔣　科

責任編輯／劉三珊

發 行 人／蔡孟甫

出 版 者／品冠文化出版社

社　　址／台北市北投區（石牌）致遠一路2段12巷1號

電　　話／（02）28233123・28236031・28236033

傳　　眞／（02）28272069

郵政劃撥／19346241

網　　址／www.dah-jaan.com.tw

E－mail ／ service@dah-jaan.com.tw

承 印 者／凌祥彩色印刷有限公司

裝　　訂／建鑫裝訂有限公司

排 版 者／弘益電腦排版有限公司

授 權 者／安徽科學技術出版社

初版1刷／2013年（民102年）1月

定 價 ／ 600元

鑑賞系列

8

玉器

（玉器鑑定收藏入門）

鑑賞與收藏

●傅慧娟　編著

品冠文化出版社

國家圖書館出版品預行編目資料

玉器鑑賞與收藏 ／ 傅慧娟　編著
——初版，——臺北市，品冠文化，2014〔民103.02〕
面；26公分 ——（鑑賞系列；8）
ISBN 978－986－5734－02－2（平裝）
1.玉器　2.中國
794.4　　　　　　　　　　　　　　　　102025510

玉器鑑賞與收藏

編　　者／傅慧娟
責任編輯／劉三珊
發行人／蔡孟甫
出版者／品冠文化出版社
社　　址／台北市北投區（石牌）致遠一路2段12巷1號
電　　話／（02）28233123・28236031・28236033
傳　　眞／（02）28272069
郵政劃撥／19346241
網　　址／www.dah-jaan.com.tw
E－mail／service@dah-jaan.com.tw
承印者／凌祥彩色印刷有限公司
裝　　訂／承安裝訂有限公司
排版者／弘益電腦排版有限公司
授權者／安徽科學技術出版社
初版1刷／2014年（民103年）2月

定　價／600元

前　言

　　中國玉器歷史悠久，器形繁多，功能廣泛，雕琢精湛，貫穿了華夏8000多年的歷史。古老的玉文化是中國燦爛文化的一個重要組成部分。無論朝代怎樣更替，社會如何變遷，它都與中華民族的歷史息息相關。儒家賦予它政治、道德方面的特殊內涵，而歷代統治者將它作爲溝通人、鬼、神的媒介，應用於禮儀、祭祀、喪葬及裝飾等領域。

　　在古代，玉器是一個人地位、身份、財富和等級的象徵。而玉器的發展，從孕育、成熟一直到日趨完美，經歷了漫長的過程。綜觀玉器發展史，史前玉器古樸而稚拙，商周玉器簡潔而誇張，春秋戰國玉器繁縟而華麗，漢代玉器雄渾而生動，唐代玉器豐滿而華貴，宋代玉器玲瓏而剔透，元代玉器粗獷而豪放，明清玉器符瑞而吉祥。不同時代的玉器，反映了當時的政治思想及藝術風格；而不同時代的玉器，在社會功能、審美情趣、風俗習慣及經濟價值等方面也有一定的差異。

　　我們欣賞中國玉器，首先要清楚每件器物的材質，要分清是和田玉還是翡翠，或是瑪瑙、岫岩玉、南陽玉、藍田玉、水晶、綠松石等，這些美玉均是山川的精華。其次，要瞭解古代玉器的發展史，同時也要掌握各時期玉器的時代特徵、藝術風格及其製作工藝。

　　本書吸收了前輩們的研究成果，並結合筆者在玉器鑒定工作中的一些經驗和體會，介紹了玉石的基礎知識，對古代玉器從種類和時代特徵兩方面予以闡釋，並專闢章節介紹常見紋飾的斷代。在書的最後，介紹了有關玉器作僞及鑒別方面的知識。在文字敘述的同時，還配以精美圖片，以期能對讀者鑒賞和收藏玉器有所幫助。由於本人才疏學淺，水準有限，書中難免會有不妥之處，敬請讀者批評賜教。

作者

玉器

鑑賞與收藏

4

目 錄

　　在中國，玉有著悠久的歷史和獨特的含義。東漢許慎《說文解字》曰：「玉，石之美者。」古人認為大自然中凡是色澤美麗的石頭就是玉，給它下的定義極其簡潔而又模糊。從廣義上講，玉是指色彩瑰麗、光澤溫潤、質地細膩、堅硬耐久、可以雕琢成器物或工藝品的材料，包括岫岩玉、南陽玉、藍田玉、瑪瑙、水晶、綠松石等。

　　自古便有「君子比德於玉」的說法，意為君子的德行可以和玉相比。《說文解字》說玉：「潤澤以溫，仁之方也；䚡理自外可以知中，義之方也；其聲舒揚，專以遠聞，智之方也；不撓而折，勇之方也；銳廉而不忮，絜之方也。」玉質地溫潤有光澤，這是玉石富有仁德的表現；玉有緻密而透明的組織，表裏如一，內外一致，是玉忠義的表現；玉能發出清越悠揚的聲音，是玉富有智慧和遠謀的表現；玉有堅韌的質地，寧折不彎，是堅貞不屈的表現；玉碎後，斷口雖然銳利卻並不會傷害人，是玉廉潔、超然的表現。玉的「五德」——仁、義、智、勇、廉在中國玉文化的發展史上產生了深遠的影響，也是幾千年來儒家文化的精華所在，對於我們今天的人來說仍值得思考和借鑒。當然，許慎所言玉之「五德」當初主要指的是新疆的和田玉，但延伸到其他玉石上也完全合宜。

　　1863年法國礦物學家德莫爾分別對和田玉及翡翠進行了物理化學實驗，根據兩者硬度的不同進行了分類，從現代礦物學的角度指出了和田玉與翡翠在化學、礦物成分以及物理性質上的差別。德莫爾稱和田玉為軟玉，莫氏硬度為6～6.5，相對密度為2.55～2.65，礦物成分為透閃石和陽起石；稱翡翠為硬玉，在礦物學上屬於輝石類，莫氏硬度為6.5～7，相對密度為3.2～3.3。德莫爾對和田玉及翡翠的分析，是建立在礦物學基礎上的。但以硬度作為唯一的標準，確定硬的輝石就是硬玉，而相對軟的閃石就是軟玉，筆者認為這種分類方法並不嚴謹。

　　狹義的玉以和田玉、翡翠為代表。而從礦物學的角度來講，玉石應是硬度為5.5～7.5，呈半透明或不透明狀，並且具有溫潤色澤的礦物集合體。無論是廣義的還是狹義的玉，在中國人類社會發展過程中都佔有重要的地位。

一、傳統的玉石

（一）和田玉

和田玉又稱新疆玉，產於新疆境內崑崙山北麓海拔3500～5000公尺、綿延1100千公尺的山脈中，開發和利用的歷史已有7000年以上。和田玉由角閃石族礦物中透閃石——陽起石岩組成，以透閃石為主。因其礦物質顆粒極細小而又成纖維狀結構，使得其溫潤細膩和堅韌，拋光後呈現出油脂光澤。其莫氏硬度為6～6.5，相對密度為2.96～3.17，折光率為1.62。和田玉的顏色主要有白色、黃色、綠色、青色、黑色和糖色等。

和田玉分為籽料、山料、山流水和戈壁料等。

1. 籽 料

山上的原生玉石礦山體經自然風化落入河中，或被冰川、泥石流以及山洪沖入河中，經過河水數十年數百年甚至上千年的衝擊洗刷，不好的部分被剝蝕風化，而最好的核心部分得以保留，即為籽料。

籽料早已沒有了山料的碴口，磨去了棱角，表面光滑，類似鵝卵石狀，大小不等，形態各異，質地溫潤有油性。大多數的籽料帶皮，如棗皮紅、虎皮子、黃蠟皮、灑金黃、黑皮子、秋梨黃等，均為帶皮籽玉。而且99%的籽料帶有輕重不同的綹裂或少許雜質。

和山料相比，籽料的質地較為細膩、滋潤、緻密、堅硬。在各種籽料中，以青籽料最多，其收藏價值遠不如稀少的白色籽料、黃色籽料和墨色籽料。和田籽料一般都取自崑崙山北麓的兩條河——玉龍喀什河（又稱白玉河）、喀拉喀什河（又稱墨玉河）。幾千年來，和田當地百姓主要從這兩條河中撈撈籽料。

在每年的夏秋之間，天氣炎熱，崑崙山的冰雪融化便會爆發山洪，山洪把玉礦塌裂下來的大量形

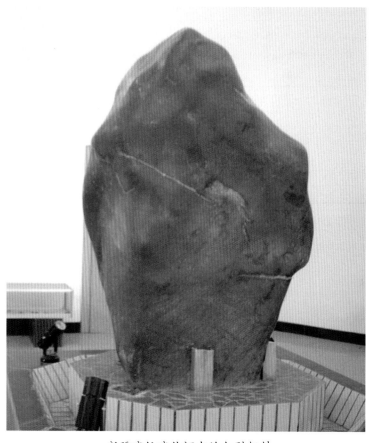

新疆喀拉喀什河出的大型籽料

形色色的玉石裹挾著沖至下游，引來了無數採寶人。《宋史·於闐傳》中就有「每歲秋，國人取玉於河，謂之撈玉」的記載。按照和田玉的等級來分，籽料最為貴重，尤其是它那層天然的色彩斑斕的外皮，具有山料無法比擬的獨特魅力。籽料隨玉種和玉石的其他特徵也可分為好、中、差等不同的品級。

由於籽料十分珍稀，因此價格不斷攀升，在利益的驅動下，作偽者運用各種手段造假，牟取暴利。但是無論如何造假，只要細心觀察，還是能看出破綻，辨別真偽的。

目前市場上假的籽料多為滾料。滾料是將山料加工成小塊，放入滾筒機內加金鋼砂反覆滾動，磨成卵形籽料形狀，再進行拋光製成的。當今市場上多見的滾料是用和田山料及青海料、俄羅斯料、岫玉等的下腳料，滾磨成籽料形狀。

新疆喀拉喀什河出的大型墨玉籽料

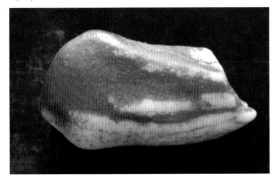

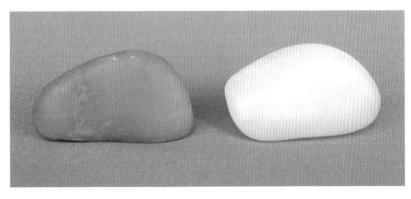

籽料

滾料看上去棱角分明，表面有人為加工痕跡，而天然籽料形狀自然。由於有皮籽料的價格一般要高於無皮籽料，所以有些人再將滾料染色做上假皮子冒充帶皮籽料，這種染色皮我們稱之為死皮。造假皮的方法很多，簡述如下：

其一，用鏽鐵鍋加水煮滾料，然後放在太陽下面暴曬，水慢慢地蒸發，玉石經氧化著色。

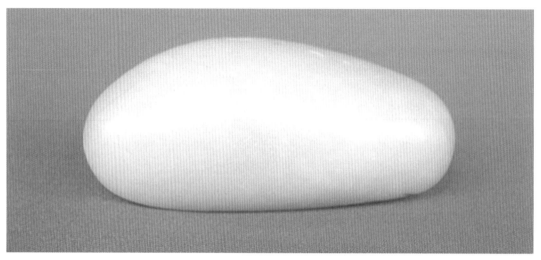

滾料

假皮滾料

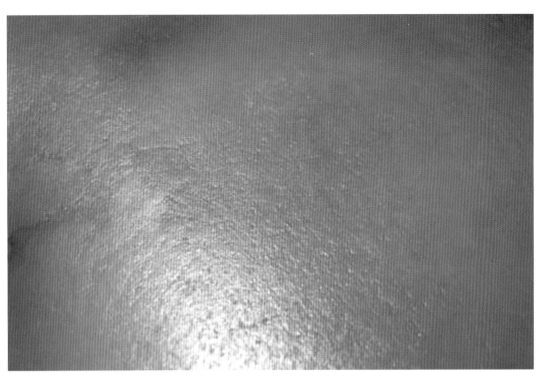

天然籽料表面有細密的小孔（引自 hetianyu. abang. com）

其二，把滾料放入鍋中煮，再將各色地毯顏料和草藥或高錳酸鉀放入浸泡，玉石疏鬆處即有顏料滲入。配方及浸泡時間不同，效果不同。

其三，採用高壓方法，輔以各種顏料上色。

其四，利用化學反應來製造假皮色。

無論用什麼方法造的假皮，一般都浮於表面，顏色過於鮮豔，沒有自然過渡的層次感，乾澀，不滋潤。顏色都聚集在玉質疏鬆的地方，這種皮色用開水燙很容易脫落變淡。而天然籽料在河水中經千萬年的沖刷磨礪，自然受沁，在質地鬆軟的地方會沁入顏色，在有裂的地方甚至會深入肌理。這種皮色是很自然的，我們稱之為活皮。其實很多好籽料是不帶皮的，即便有，也是星星點點的，或在細小的裂縫裏。

另外，天然籽料的表面無論多麼細膩，都會有無數細密的小孔，用十倍放大鏡可以很清楚地看到，如同人皮膚上的汗毛孔。而滾料的表面有滾磨過的一道道擦痕，並沒有「汗毛孔」。因此，用「汗毛孔」來鑒別真假籽料是非常有效的。我們在購買籽料的時候，要仔細辨別，以免上當受騙。

2. 山料

山料是直接從山上礦床中開採的玉石，夾生在海拔 3500～5000 公尺的山岩中。山料性脆，塊度大，受開採的影響，容易帶裂含綹，質地偏乾，水頭、油頭欠佳。

山料資源比較豐富，一般呈不規則的塊狀，稜角分明，不如籽料溫潤，且有皮。山料的質地一般不如籽料與山流水，但也有好的山料，色澤、質地均勝於籽料，所以山料的好與差要因玉而論。

山料

3. 山流水

山流水是指經自然風化崩落，被山洪沖刷滾入河中上游或落在半山腰的玉礦石。在移動跌落的過程中，那些有綹裂的部分往往破碎失去，留下來的部分玉質較好，在滾動的過程中其外部邊緣也漸漸被磨去了棱角，表面比山料光滑。山流水的質地介於山料和籽料之間，與原生礦接近。按照和田玉的等級來說，僅次於籽料。

4. 戈壁料

戈壁料是玉礦山體破碎後，被雪水沖入戈壁灘，經多年風吹日曬、飛沙走石磨礪而成的。它的生成環境十分惡劣，數量比籽料少得多，表面形成其特有的魚皮紋、橘皮紋。

戈壁料

和田玉按顏色來劃分，有以下幾個品種：

1. 白 玉

白玉呈白色，最佳的當屬羊脂白玉，因色似羊脂而得名。其透閃石含量高達99%，如油似脂，質地細膩光潤，剛中見柔，因產出十分稀少，所以極其名貴，可謂價值連城，為玉中之王。白玉中色發灰白的次之。另有象牙白、雪花白、魚骨白、魚肚白、梨花白、糙米白、雞骨白等色。

2. 青 玉

青玉呈灰白或青白色，也有人將灰白色的青玉稱為青白玉。其顏色說青又白，說白又青，白中泛淡青綠色。這一類的玉料儲量和產量較大，因此，歷代玉雕使用青玉和青白玉材料的占大多數，其經濟價值僅次於白玉。

3. 碧 玉

碧玉呈綠色或墨綠色，以純正的墨綠色為上品。碧玉的顏色如藍靛，以色澤鮮豔純青者為貴。深綠如菠菜葉色的碧玉，質地較粗，玉中常夾有黑斑或黑色的星點。

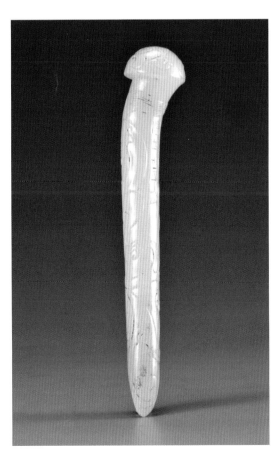

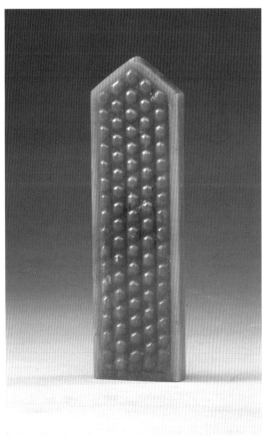

明　白玉龍紋簪　安徽省靈璧縣高樓公社
窖藏出土（引自《安徽館藏珍寶》圖234）

明　青玉谷紋圭　安徽省歙縣黃山儀錶廠
明墓出土（引自《安徽館藏珍寶》圖232）

4. 黃 玉

　　黃玉呈黃色，由淡黃到深黃者均有。常見有蜜蠟黃、栗子黃、虎皮黃、秋葵黃、黃花黃、雞蛋黃等，主要是根據色度變化而定名的。其中色如熟栗色者為上品，質地不比羊脂白玉遜色。它十分稀有，經濟價值甚至超過羊脂白玉。如今白玉常常可以見到，而黃玉則不多見。

清　碧玉雙龍耳杯（引自
《中國玉器全集6》圖30）

清　黃玉三羊樽（引自《中國
玉器全集6》圖152）

5. 墨 玉

墨玉色如黑漆，由墨色到淡黑色均有。其墨色多呈點狀或雲霧狀，有時呈條帶狀。黑斑濃重密集呈純黑色者，價值要高於其他墨玉品種，但數量很少。在整塊玉料中，墨的濃淡程度不同，分佈不均，一般與青玉或白玉相間，可用作俏色。如1975年河南省安陽市殷墟出土的墨玉鱉，用黑色玉質部分巧作成鱉的背和雙目，為我國最早以俏色手法製作的玉器之一。

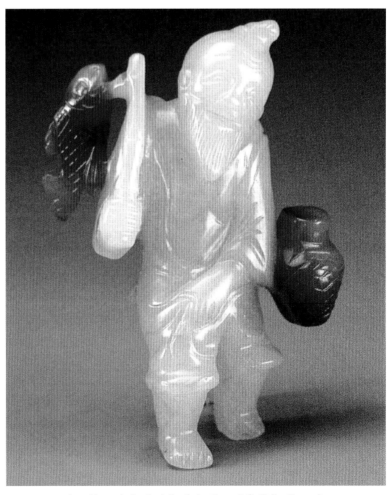

殷商　墨玉鱉　河南省安陽市殷墟出土
（引自《中國美術全集·玉器》圖58）

6. 糖 玉

糖玉色似紅糖，常與青玉相間，被稱為雙色玉料，可製成俏色玉器，亦能增值。

清　糖玉漁翁（引自《中國玉器賞鑒》圖398）

（二）翡 翠

翡翠是由多種細小礦物組成的礦物集合體，其結構多為纖維狀，為輝石族中比較稀少的鈉鋁矽酸鹽礦物，它的化學成分為 $NaAlSi_2O_6$。產於緬甸北部的密芝那、勐拱、勐養、帕崗等地。我國雲南的騰衝、大理一帶是翡翠玉石的集散地。

翡翠的硬度為6.5～7，相對密度為3.33，折射率為1.66。呈透明或半透明狀，表面有玻璃般光澤。斷口為參差狀，較表面暗一些。翡翠的堅韌度極高，能抵禦較強的撞擊力和壓力。翡翠的內部常有絮狀物，有結晶的閃光似蒼蠅翅，也有點狀、團狀、絲狀等包含物。一般來說，透明的翡翠最好，行家稱之為「老種」，價值也最高；半透明的稱「新老種」，價值次之；不透明，發乾的叫「新種」，價值較低。

翡翠由於所含雜質及元素的不同，其顏色千差萬別。如含有鉻元素，則呈現出豔麗的綠色，稱之為翠；若含有釩元素，則呈現淡紫色，稱之為紫羅蘭；若含有鐵元素，則一般

翡翠原石

清　翡翠扳指　安徽省蚌埠市張公山清代木槨墓出土（引自《安徽館藏珍寶》圖240）

呈現出赭紅色，稱之為翡。

翡翠常見的基本顏色有綠色、白色、紅色、紫色、黃色、黑色、灰色等，其中以綠色為最優。如果一件翡翠手鐲既有綠色，又有紅色和紫羅蘭色，則稱作「福祿壽」，是非常難得的翡翠製品。如果是滿綠的手鐲，就更加珍貴了。

對於綠色的翡翠來說，通常有「濃、正、陽、和」之說。「濃」是指綠色飽滿而濃重，「正」是指綠色純正而不含雜色，「陽」是指綠色鮮豔而又明亮，「和」是指綠色均勻、柔和。

一般來說，一塊翡翠極少有通體綠色，除去綠色以外，還有其他顏色，有其他顏色的部分被稱作地，翠多地少者為佳品。翡翠地子的種類很多，主要有：

（1）玻璃地：完全透明，玻璃樣光澤，明亮如玻璃般的地子。

（2）水地：透明，玻璃樣光澤，清澈如水的地子。

（3）蛋青地：半透明，玻璃樣光澤，如同雞蛋清一樣的地子。

（4）鼻涕地：透明，玻璃樣光澤，質地如同清鼻涕般的地子。

（5）青水地：透明，微微泛青綠色的地子。

（6）灰水地：透明或半透明，泛灰色的地子。

（7）紫水地：透明或半透明，泛紫色調的地子。

（8）渾水地：透明或半透明，似渾水樣的地子。

（9）藕粉地：透明或半透明，如熟藕粉一樣的地子。

（10）細白地：半透明，質地細潤、色白的地子。

（11）白沙地：半透明，白色有沙性的地子。

（12）灰沙地：半透明，灰色有沙性的地子。

（13）豆青地：半透明，豆青色的地子。

玻璃地翡翠鐲（引自《中國寶石和玉石》圖17–9）

（14）紫花地：半透明，有不均勻的紫花的地子。

（15）青花地：半透明或不透明，有青色石花的地子。

（16）白花地：半透明或不透明，質糙有石花和石腦的地子。

（17）瓷地：半透明或不透明，白色如瓷器質地的地子。

（18）乾白地：不透明，水頭差的白色地子。

（19）糙白地：不透明，粗糙白色的地子。

（20）灰地：不透明，粗糙灰色的地子。

（21）狗屎地：不透明，色如褐色或黑褐色，如狗屎的地子（但往往狗屎地子出高翠）。

以上為常見的一些翡翠地子，有些由於區域不同叫法不一，但大同小異。

翡翠從傳入我國到應用的時間並不長，但由於其深受人們的喜愛，被賦予神奇的文化內涵。漢代許慎的《說文解字》中有「翡，赤羽雀也。翠，青羽雀也」，可見古代翡翠本是指鳥名，分別指赤色羽毛的翡鳥和綠色羽毛的翠鳥。

至於翡翠何時傳入我國，有人說是漢代，也有人說是宋代，眾說不一。地質學家章鴻釗先生在《石雅》一書中引東漢著名史學家班固的《西都賦》「翡翠火齊，含耀流英」及東漢著名科學家張衡的《西京賦》「翡翠火齊，絡以美玉」，但是，到目前為止漢代墓葬並沒有翡翠出土。由此可見，兩賦中所指的「翡翠」一詞有可能是指碧玉。

宋代的文學家歐陽修在他的《歸田錄》一文中有這樣的描述：「吾家有一玉罍，形制甚古且精巧，始得之，梅聖俞以為碧玉。在潁州時，嘗以示僚屬，坐有兵馬鈐轄鄧保吉者，真宗朝老內臣也，識之曰：『此寶器也，謂之翡翠。』云：『禁中寶物，皆藏宜聖庫，庫中有翡翠琖一支，所以識也。』」

說明翡翠在宋代就傳入了中國，但至今考古發掘品中未見宋代的翡翠製品，還有待於考古發掘資料的佐證。

明末徐霞客在其《徐霞客遊記》中記載了他親眼目睹的翡翠：「觀永昌賈人寶石、琥珀及翠生石諸物，亦無佳者。」「永昌」即指今雲南省保山市，當地人稱翡翠為翠生石。「潘生一桂雖青衿而走緬甸，家多緬貨。時倪按君命承差來覓碧玉，潘苦之，故屢屢避客。」「潘生送翠生石二塊，欲碾翠生石印池、杯子……碾玉者來，以翠生石畀之。二印池、二杯子，碾價一兩五錢，蓋工作之費逾於價矣。以石重不便於作，故強就之。」

由此可見，在明末就有翡翠運入雲南和貴州，並製作成器物。而大量地輸入中國應是在清代，清帝王及後妃均對翡翠情有獨鍾，尤其慈禧最為喜愛，翡翠逐漸成為「玉石之王」。

翡翠是我國傳統玉石中的後起之秀，翡翠之美，主要在其豔麗的綠色，重在漂亮和富貴，而和田玉之美重在溫潤、含蓄。作為「舶來品」的翡翠一進入中國就深受各階層人士的青睞，其價格昂貴，不少商人以假翡翠或者近似翡翠的天然玉石冒充翡翠，以牟取暴利，因此購買時要注意辨別。

1. 翡 翠

翡翠即通常所指的 A 貨翡翠。質地細膩，硬度高，呈透明或半透明狀，有玻璃樣光

南陽玉戒指

澤。在透明度較好的翡翠中，有較細的絮狀物；而透明度較差的有雪片狀物，是輝石的結晶，有的如同蒼蠅翅，有的含沙點。

2. 與翡翠近似的天然石

有不少天然石在顏色和透明度上與翡翠很相似，但在結構、硬度等方面還是有差異的，只要掌握翡翠的特性，不難分辨。

碧玉　雖然也呈綠色，但綠中常夾有黑斑或黑色的星點，色澤不如翡翠美，透明度差，硬度低於翡翠。

南陽玉　顏色似翡翠，色暗，半透明至微透明。其內部綠色呈不均勻的片狀、絲縷狀分佈，硬度低於翡翠。

綠瑪瑙　自然界無天然綠瑪瑙，而市場上的綠瑪瑙幾乎都是人工染色而成的，其色濃綠，有的顏色極似翠的豔綠，但無翠性，有冰狀紋。綠瑪瑙顏色單薄，質地脆；翡翠顏色渾厚，有翠性，韌性大。

東陵石　為含鉻雲母的油綠

南陽玉擺件（引自《中國寶石和玉石》圖22-3）

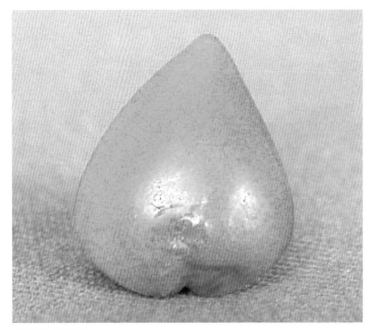

玻璃仿翡翠墜

熗色翡翠戒面

石英岩，內部呈粒狀結構，好像一粒一粒的沙子黏合在一起的感覺，其綠色是呈片狀的，透明度差，看不見翠性。

3. 玻璃仿翡翠

玻璃仿翡翠為人造品，用類似翡翠綠色的玻璃製成，俗稱為料器。沒有翡翠所具有的石性，無任何雜質。綠色較集中，不自然，硬度只有4～5，相對密度低，無雜質，較翡翠軟，內部可見氣泡，日久表面會出現劃痕，失去光澤。

4. 熗色翡翠

熗色翡翠也就是通常所說的C貨翡翠。是將無色翡翠加熱後放入綠色液體中，讓綠色液體滲入小裂紋而成的。其顏色不自然，綠色較集中，外深內淺，裂紋中顏色較深，非裂紋處顏色相對淺淡，綠色大多閃黃、閃藍。熗色翡翠怕強酸、怕鹼、怕長時間的強光照射，日久會慢慢褪色。

5. B貨翡翠

所謂B貨翡翠，是將質量欠佳的天然翡翠用酸液浸泡，去除其中的雜質，增加其透明度，保留了原有的綠色，增大了地與色的對比度。但翡翠的結構出現了微細裂隙和孔洞，所以要在高溫高壓下將膠壓入裂隙和孔洞中，起到充填、固結的作用，使種、水頭、色均得到提高，從而冒充高檔的天然翡翠。但翡翠的天然結構遭到了破壞，變得疏鬆，隨著時

間的推移，填充的膠會慢慢老化脫落，使翡翠極易碎裂。如填充時添加著色劑，則稱之為「B+C」翡翠。

6. 合成翡翠

合成翡翠是在實驗室對配料施以一定的溫度與壓力，使之形成的與天然翡翠的化學成分、礦物組成十分相近的品種。但在結構和顏色分佈等方面仍有別於天然翡翠。

(三)岫岩玉

岫岩玉簡稱岫玉，因產自遼寧省岫岩縣而得名。可分為兩大類：一是產於瓦溝的蛇紋石，二是產於細玉溝的以老玉為代表的透閃石。

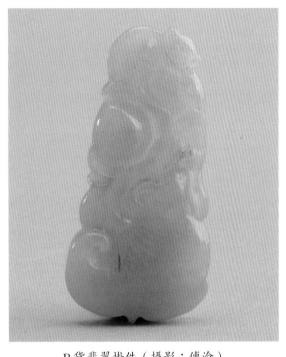

B貨翡翠掛件（攝影：傅渝）

1. 蛇紋石

蛇紋石礦位於岫岩縣城西北40千公尺哈達碑鎮瓦溝，其成分中常含有二價鐵、三價鐵，還混有錳、鋁、鎳、鈷等雜質，這些混入物使岫岩玉具有各種顏色。主要有白、黃、淡黃、粉紅、綠、淺綠、翠綠、暗綠、褐綠及其他雜色，以綠色調為主。

表面看來，蛇紋石同新疆的青玉和碧玉有些相似，但硬度不同。岫岩蛇紋石，玉質細膩，半透明至不透明，具蠟狀至油脂狀光澤，硬度2.5～5.5，相對密度2.5～2.8。

2. 透閃石

透閃石礦位於岫岩縣偏嶺鎮與海城縣交界處的細玉溝，所

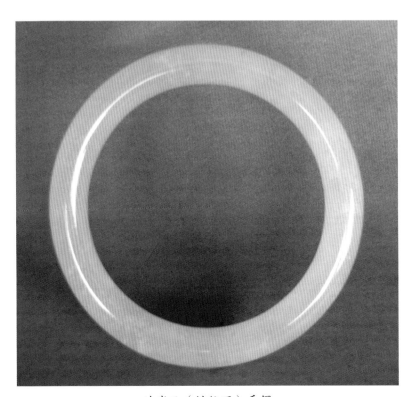

岫岩玉（蛇紋石）手鐲

產玉料透閃石含量可達95%以上，雜質很少。顏色主要有淺綠、黃白、青和黑等，有玻璃或油脂樣光澤。硬度6～6.5，相對密度2.91～3.02。

岫岩透閃石又分為原生礦和砂礦兩種。原生礦即開採的山料，俗稱「老玉」。砂礦指原生礦剝落的玉料在河床中長期滾磨而成的礫石，俗稱為「河磨玉」，常帶有褐紅、褐黃、灰褐和黑色的玉皮。

另外，與岫岩玉（蛇紋石）相似的玉石還有：

南方岫玉　又叫南方玉，因產於廣東省信宜縣泗流地區，故又稱「信宜玉」。顏色與岫玉不同，色調暗綠至褐綠。

酒泉岫玉　即酒泉玉，因產於甘肅祁連山，故又稱「祁連玉」。玉色暗綠，帶有較多的黑色點或黑色團塊，岫玉和南方玉都沒有這一特點。

京黃岫玉　又稱京黃玉，產自北京十三陵，呈黃色或淡黃色，玉質細膩。

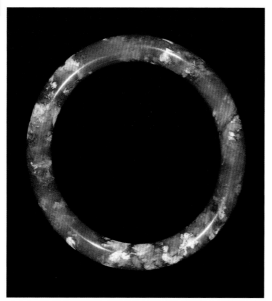

信宜玉手鐲（引自《玉石器的故事》第49頁）

酒泉岫玉高腳杯

（四）南陽玉

南陽玉因產於河南省南陽市郊獨山而得名，又稱為獨山玉。是一種蝕變斜長岩，組成礦物除斜長石外，還有黝簾石、綠簾石、透閃石、絹雲母、黑雲母和榍石等。因玉中含有多種蝕變礦物，所以多由2～3種顏色組成，常見的顏色有白、綠、紫、黃、紅、黑等。硬度6～6.5，相對密度2.73～3.18。質地較細膩，半透明、微透明或不透明，有少量優質品接近透明，呈玻璃或油脂樣光澤。高檔翠綠色的南陽玉，由於色澤鮮豔，與緬甸翡翠相似，被譽為「南陽翡翠」。

元　南陽玉瀆山大玉海（引自《中國美術全集‧玉器》圖266）

　　常見的南陽玉按顏色可分為以下幾個品種：

　　綠南陽玉　以綠色、翠綠色為主，顏色近似翡翠，半透明至微透明，質地細膩，具有玻璃樣光澤。

　　白南陽玉　色呈白或灰白色，以乳白色為主。質地細膩，略有透明感，具有油脂般的光澤。

　　紫南陽玉　暗綠色質地上分佈淡紫色斑點，透明度較差。

　　黃南陽玉　色呈黃綠色或橄欖色，也稱橙玉。

　　雜色南陽玉　具有兩種以上的顏色混雜，有墨玉、翠白玉、菜花玉、五花玉、間彩玉、斑玉、黑花玉等品種。

　　據考古資料得知，最早的南陽玉製品是南陽縣黃山出土的一件玉鏟，是新石器時代晚期的產物，距今有6000多年，可知南陽玉開採和使用的歷史悠久。陳列於北京北海團城內的元代巨型玉雕瀆山大玉海，是一件最大的古代南陽玉作品。

　　（五）瑪　瑙

　　瑪瑙是一種膠體礦物，在礦物學中，它屬於玉髓類。主要產於火山岩裂隙的空洞及沉積岩層中，其化學成分是二氧化矽。一般為半透明到不透明，硬度6.5～7，相對密度2.65。具有質地堅硬、緻密、細膩，色彩豐富，光潔度高等特點，呈玻璃至蠟狀光澤。

　　瑪瑙一語來源於佛經，梵文譯音為「遏濕摩揭婆」，意為「馬腦」。它的歷史悠久，是人類利用最早的玉石材料之一。早在新石器時代我們的祖先就將美麗的瑪瑙製作成管、環、珠等，將其串聯起來作為項飾。古人稱瑪瑙為「瓊玉」或「赤玉」。我國瑪瑙產地分佈很廣泛，幾乎各省都有，主要有黑龍江、遼寧、湖北等地。北美、整個歐洲以及東南亞也盛產瑪瑙，而最著名的產地有印度和巴西等。

　　瑪瑙種類很多，自古以來就有「千種瑪瑙萬種玉」之說。瑪瑙的色彩豐富，按顏色劃

南宋　瑪瑙環形耳杯　安徽省休寧縣朱晞顏墓出土（引自《安徽館藏珍寶》圖219）

分，有白瑪瑙、紅瑪瑙、藍瑪瑙、綠瑪瑙、黑瑪瑙等。瑪瑙純者為白色，因含其他金屬元素而出現灰、褐、紅、藍、綠等色，有時幾種顏色相雜或相間出現，有色彩和花紋的變化。紅色是瑪瑙中的主色調，但是天然的紅瑪瑙較少，且色層不深，多為燒紅瑪瑙。其紅色有正紅、紫紅、深紅、褐紅、醬紅、黃紅等。此外，色紅豔如錦的稱錦紅瑪瑙。

　　依其帶紋的疊壓形成的花紋圖案，可將瑪瑙分成如下種類：

　　纏絲瑪瑙　紅色帶或黑色帶與白色相間，呈平行或直線狀，寬如帶或細如絲，如同纏絲。

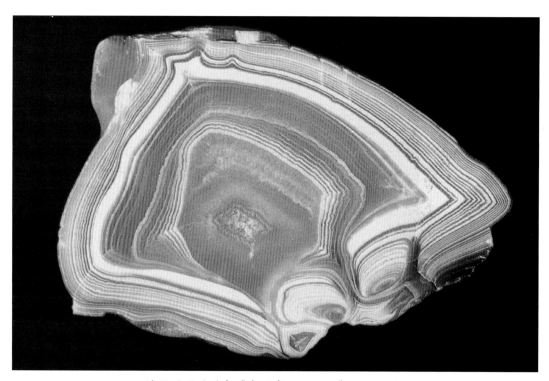

纏絲瑪瑙（引自《中國寶石和玉石》圖21-1）

水膽瑪瑙　瑪瑙中包裹有天然形成的水。

水草瑪瑙　瑪瑙中含有不透明色質，顏色多樣，以綠色最常見，如針狀草葉布於其中。

工匠常依據瑪瑙的不同色彩，將其巧雕成優美的作品。

通常所見的假瑪瑙，一般為人工合成的瑪瑙。天然瑪瑙比人工合成的瑪瑙重；人工合成的瑪瑙透明度好，像玻璃球一樣透明，而天然瑪瑙稍有混沌，有的可看見自然水線如冰狀紋。

（六）藍田玉

藍田玉產自陝西藍田縣的玉川山。而藍田玉的名稱初見於《漢書・地理志》：「藍田出美玉。」據考古資料，藍田玉是中國開發利用最早的玉種之一，迄今為止已有4000多年的歷史。藍田玉屬蛇紋石化大理岩，礦物成分有方解石、蛇紋石及少量透閃石、綠泥石等，硬度小於6。一般顏色有白、灰白、黃、黃綠、灰綠、綠和黑等。大多不透明，主要特點是多種顏色混雜在一起。

1978年11月23日《人民日報》報導說，陝西地質工作者在藍田發現一種蛇紋石化大理岩，他們認為它就是古代記載的藍田玉。1982年，地質礦產部地質博物館展出了上述藍田玉的原石。從外觀上看，有黃色、淺綠色等不均勻的色調，並伴隨淺白色的大理岩。它是否就是古代的藍田玉，還需進一步考證。

在漢代玉器中，有兩件玉器很多地質學者都認為與現在發現的藍田玉很相似，一件是1975年在陝西省興平縣茂陵附近出土的玉鋪首，另一件是故宮博物院收藏的漢代玉佩。這兩件玉器的質地和色澤與新發現的藍田玉很近似，是否就是藍田玉還有待進一步考證。

藍田玉印盒

西漢　玉鋪首　陝西省興平縣茂陵附近出土
（引自《中國美術全集・玉器》圖172）

（七）水　晶

　　水晶無色透明，它的主要化學成分是二氧化矽，當二氧化矽結晶完美時就是水晶，而二氧化矽膠化脫水後就是瑪瑙。晶體呈六角柱狀，硬度7，相對密度2.65，玻璃樣光澤，透明，斷口呈貝殼狀，通常內部有綿絮狀的包含物，無綿絮雜質者為上品。因含有不同元素或雜質，水晶會呈現不同的色彩。按顏色劃分主要有紫晶、黃晶、茶晶、墨晶、芙蓉石（即粉紅色的水晶塊體）等。除按顏色劃分外，也可按包裹體劃分為發晶和水膽水晶，有著奇特包裹體的水晶尤其珍貴。

　　水晶由於硬度高，瑩如水堅如玉，因此在古籍中被稱為水玉、水精、千年冰等，是我國最古老的玉石之一，最早可追溯到石器時代。水晶的產地遍及全國，幾乎各省都有產出。

　　清澈純淨的天然水晶與合成水晶非常相似，主要區別有：天然水晶在自然界形成的過程中，內部有雜質，迎著亮可以看到柳絮狀包含物；而假水晶多採用殘次的水晶渣和玻璃熔煉合成，有氣泡，沒有柳絮狀包含物。天然水晶硬度大，日久摩擦表面無劃痕；而假水晶由於硬度小，時間久了表面會出現劃痕。

（八）綠松石

　　綠松石又稱土耳其玉，而礦物學中稱其為松石，是銅和鋁的磷酸鹽礦物集合體，通常

水晶晶洞（引自《中國寶石和玉石》圖 10-1）

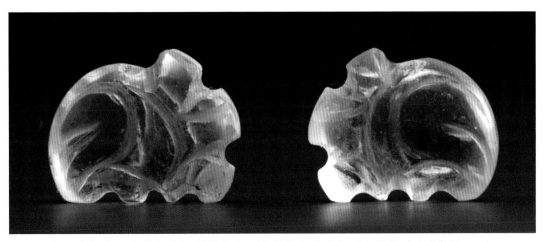

宋 水晶兔 安徽省青陽縣滕子京家族墓出土（引自《安徽館藏珍寶》圖 217）

產於次生淺礦床中。多呈天藍色、暗藍色、藍綠色、綠色，風化強烈的呈綠白色，顏色有深有淺，以不透明的蔚藍色最具特色。具有柔和的蠟狀光澤。硬度5～6，相對密度2.6～2.8。綠松石多為結核塊狀、網脈狀或片狀，含淺色條紋、斑點以及褐黑色的鐵線，而以結核塊狀的松石質量最好。

　　綠松石的歷史悠久，也是古老的玉石之一，早在新石器時代我們的先人就用它製作成裝飾品。古人稱其為「碧甸子」「襄陽甸子」「回回甸子」等。

　　中國是世界上著名的綠松石產地，其中以湖北鄖縣、鄖西、竹山一帶的優質綠松石最為著名，暢銷國內外。另外，陝西、河南、新疆、青海、安徽、江蘇、雲南等地均有綠松石產出。國外著名的綠松石產地如伊朗，產出最優質的瓷松和鐵線松，被稱為波斯綠松石。此外，埃及、美國、墨西哥、阿富汗、印度及前蘇聯等國均產綠松石。

　　綠松石質地細膩；硬度適中，光澤柔和，色彩嬌豔，但是不同品種間顏色、硬度、品

紅山文化　綠松石鴞（引自《牛河梁紅山文化遺址與玉器精粹》圖28）

質的差異較大。通常有以下幾個品種：

瓷松　硬度最高為5.5～6。因拋光後的光澤、質感很似瓷器，故得名。通常顏色為純正的天藍色，是綠松石中最上品。

綠松　顏色從藍綠到豆綠色，硬度比瓷松略低，在4.5～5.5，是一種中等質量的松石。

泡松　又稱面松，呈淡藍色到月白色，硬度在4.5以下，用小刀能刻劃，質量最差。因其質地疏鬆，只有塊大的才有使用價值。一般常對此種松石採取注塑、注蠟以及染色等人工處理方法，改善其外觀和質量。

鐵線松　指松石中夾雜有鐵質黑線，有如墨線勾畫的自然圖案，美觀而獨具一格。若網紋為黏土質細脈組成，則稱為泥線綠松石，質地較軟，基本上沒有使用價值。

綠松石的缺點是受熱易褪色，也容易受強酸腐蝕變色。此外硬度越低的綠松石孔隙越發育，越具有吸水性和易碎的缺陷，因而化妝品、油漬、污漬、汗漬、茶漬、鐵銹等均有可能順孔隙進入，導致難以去除的色變。

綠松石是一種較為嬌貴的玉石品種，無論是在加工還是使用過程中均需倍加愛惜。只要保持清潔乾淨，不受高溫和強力碰撞，應該不會有問題的。

二、新見的玉石

除了我國傳統的玉石外，這些年來，不斷有新的玉石被發現和利用，如俄羅斯玉、青海玉，在市場上出現不過十幾年的時間。雖然與和田玉的產地同屬崑崙山脈，但由於所產出的地點不同，地質、氣候、地理環境亦不同，這就形成了它們之間諸多的差異。

（一）俄羅斯玉

俄羅斯玉又稱俄料，與和田玉屬同種，它產自崑崙山玉礦的支脈，海拔比主脈低。其產地較多，目前國內市場上的俄羅斯玉主要來自達克西姆和巴格達林地區，鄰近貝加爾湖。主要組成礦物是透閃石，有白玉、青玉、青白玉、碧玉、墨玉、糖玉等品種。硬度在5.2～5.4，微透明，密度相對小，結構鬆，充滿了明顯的團塊雲絮狀紋理，夾雜冰點蟹爪紋，表面有蠟狀、油脂狀光澤。

俄羅斯玉中95%都是山料，也有籽料，但是相對來講，市場上籽料比較少見。與和田玉相比，主要區別有：

（1）俄羅斯玉的硬度低於和田玉，前者硬度5.2～5.4，後者硬度6～6.5。

（2）俄羅斯玉的山料髒（雜質）、綿、綹等較少，非常白。一塊較大的俄羅斯玉往往沒有髒、綿、綹出現，毛氈狀的結構明顯。相比較而言，和田玉山料的髒、綿、綹則較多，有絮和玉花。

（3）俄羅斯玉以山料為主，只有少量的籽料。而和田玉除山料以外還有籽料、山流水這樣高質量的品種。將兩種玉放在一起比較，前者粳，後者糯。

（4）好的俄羅斯白玉非常白，且白度比和田玉還要略勝一籌，差的只是油性。但也不是絕對的，一些好的俄羅斯白玉油性和白度俱佳。俄羅斯玉大多顯得略乾些，一般「白」而不「潤」，給人一種「蒼白」「死白」「僵白」的感覺，「糙」而白得無神（隱約有點泛紅）。而和田白玉白得溫潤、細膩，是糯白、陰白色（微微泛青）。

（5）俄羅斯玉密度相對小，略低於和田玉，結構鬆，顯得嫩，有水靈靈的感覺，或是顯乾，油潤性比較差，所以佩戴的時間久了，會變黃、發黑，越盤越透，敲擊時聲音沉

俄羅斯碧玉項鏈

俄羅斯玉原石

悶。而和田玉密度大，結構緊密，滋潤，油性好，佩戴的時間越長會越溫潤，且越盤越油，敲擊時聲音清脆。

（6）據玉雕行家介紹，俄羅斯玉不好加工打磨，在砣下容易起「性」，做細工時容易崩裂，而和田玉則不會出現此現象。

（7）帶糖色玉皮的俄羅斯玉，糖色很特殊，是醬色的。玉質太水，即透明感過重，密度和油質感均比不上正宗的和田籽料。

（8）俄羅斯玉籽料的皮像沁色，並伴有石皮。和田籽料的皮色薄且無石皮。

（二）青海玉

青海玉是20世紀90年代初發現的新玉種，產於柴達木盆地西北緣，青海省的格爾木市西南、青藏公路沿線100餘公里處的高原丘陵地區。該地產出的玉料以礦採山料為主，有少量山流水、戈壁料，未見籽料。

產出地段屬崑崙山餘脈伸入青海省部分，西距新疆若羌300餘公里，與且末、若羌等地產出的和田玉在地質構造背景上有著密切的關聯。青海玉的主要礦物成分是透閃石，但其含量明顯低於和田玉，除此之外，普遍含有矽灰石、方解石、透輝石、白雲石等，其中矽灰石是和田玉所沒有的。

青海玉按其顏色特徵可分為白玉、青白玉、青玉、煙青玉、翠青玉、糖玉等品種。其

青海玉山料仿籽料

青海白玉手鐲（攝影：楊瑞玖）

顏色特徵非常豐富，如翠青、煙青、煙灰及灰紫色品種在傳統的和田玉中是沒有的。

　　青海玉的產地雖然與和田玉的產地同屬一個山脈，但由於地質環境的不同，使得它與和田玉存在著一定的差別。單從硬度和相對密度來區分青海白玉與和田白玉是很困難的，兩者差別並不大。

青海玉的礦物顆粒明顯比和田玉的粗，有細小鬆散的點狀、雲絮狀結構。相對密度小，透明度比和田玉好，呈半透明狀，最大的特點就是透。顏色不勻，深淺不一，偏灰暗。質感不如和田玉細膩，缺乏和田玉那種特有的油脂光澤，沒有和田玉特有的溫潤凝重感，而是顯得輕飄。在玉的內部經常可看見透明度較高的縱橫線條，稱為「玉筋」，又稱「水線」或「水簾」。

一般來說，青海白玉掛件貼身佩戴後顏色會發灰、發暗，顯得粗、澀、粳，難以達到和田白玉那種滋潤的感覺。如果經常被光照，很容易變色。

據玉雕師傅介紹，青海玉上機器雕琢時脆性大，易崩裂，打磨以後的視覺感受是水氣大，而不是油性強，成品有似毛玻璃的感覺。如用硬物輕輕敲擊，聲音顯得沉悶，而和田玉敲擊時聲音清脆。

據瞭解，目前和田玉（礦）的年開採量在100～200噸，籽料的年產量不足15噸。而青海玉年產量在1000～2000噸，占國內「和田玉」市場份額最大。另據海關統計，俄羅斯玉在我國的市場佔有量僅次於青海玉。

總之，區別和田白玉與青海白玉、俄羅斯白玉，多從玉的結構、硬度、相對密度、皮色等方面著手，要多看實物，多比較、觀察細微不同之處，多掌握專業知識。

（三）料器、玉粉合成玉

中國是最古老的玉石之國，有著悠久的玉石仿造歷史，常以料器來仿製玉器。趙汝珍在《古玩指南》中曰：「料者，今之玻璃也。凡玻璃製器，以前皆曰料器，即現在仍多以料稱也。」據明代曹昭的《格古要論》中記載：「雪白罐子玉係北方用藥於罐子內燒成者，若無氣眼者，與真玉相似。但比真玉則微有蠅腳，久遠不潤，且脆甚。」「假水晶用藥燒成者，色暗青，有氣眼，或有黃青色者，亦有白者⋯⋯謂之硝子。」硝子，是一種白玉仿造品，即我們今日所指的「料器」。

清　料簪首

合成玉藕片

　　我國用玻璃料器仿製玉器的歷史悠久。據考古資料顯示，最早的料器製品可追溯到3000多年前的西周時期。在江蘇儀征縣破山口、河南洛陽莊淳溝、陝西寶雞茹家莊等地的西周墓葬中，均發現了大量的玻璃管和玻璃珠等，這種玻璃料的色澤、透明度都與玉很近似。

　　分辨玉器和料器主要有以下幾個方法：

　　（1）玉的相對密度大，料器的相對密度小，玉器放在手上有壓手的感覺，而料器輕飄一些。由於玉的硬度高，料器的硬度低，所以玉器年代長久更加光澤油潤，而料器年久則會變暗，器物表面會出現如牛毛紋的摩擦痕跡。

　　（2）玉溫潤細膩，如膏似脂，而料器在瑩潤之中卻感覺有賊光閃爍。

　　（3）玉是礦物的集合體，為天然礦物質，體質很難全部均勻如一，其內部或多或少包含玉花、玉筋，這在人工製造的料器中是找不到的。料器中有氣泡，而玉器中無氣泡可尋。料器經過高溫熔化會出現乳白色帶狀紋，也稱之「熱浪紋」。

　　（4）玉器的破損處為石性特點，是暗碴，無光，呈參差狀。料器的破處是亮碴，有光，呈貝殼狀。料器在光照下邊緣與中間色不一樣，而玉器則內外一色。

（5）料器是模製而成的，有的部位會留下合範的痕跡。也有的對痕跡進行碾磨處理，但往往越磨越不平，磨的表面不光潔。而玉器是雕琢而成的，經碾磨顯得更加溫潤。

（6）在聲音方面，當敲擊時，玉器的聲音凝重而悅耳，料器的聲音則清脆而刺耳。

隨著科學技術的進步，目前市場上出現了以玉粉、水晶加鹽水製成的合成玉，係用模具壓鑄而成。其硬度和相對密度均低於天然玉石。可用手掂掂輕重，會感覺手頭輕，比玉石輕飄。合成玉用小刀可以劃動，而玉則劃不動。就顏色來說，白玉的白色中常常泛青，純白者極少，而合成玉是勻淨的純白色，看上去往往比玉還潔白瑩潤。白得不自然。總之，玉細膩而溫潤，而合成玉溫潤之中，賊光閃爍，內部沒有玉石的晶體結構。

我們只要掌握玉石的特點，仔細觀察每件器物，多看多比較，是不難區分玉器和料器的。

（四）八三玉

八三玉是指1983年在緬甸北部開採的一個新玉種，岩石學名稱為「蝕變硬玉岩」。經檢測其主要礦物為硬玉，其次是少量輝石族和閃石族礦物。它的質地、色澤、透明度等與翡翠相似（只是八三玉略帶藍色調），硬度比翡翠略低。由於八三玉的外觀極似天然翡翠，且價格又十分便宜，所以深受人們的喜愛。

八三玉具有中粒和粗粒結構的特徵，其透明度較差，透過處理可增加其透明度。因此市場上所見的八三玉成品中，有95%以上是經過化學處理的B貨。經過處理的八三玉B貨晶瑩剔透，但常飄藍花，價格又比翡翠便宜，如不考慮保值和收藏的因素，只是單純的佩戴，還是可以選購的。

需要注意的是，八三玉B貨的價值僅為正常翡翠A貨的1/10～1/5，有一些不法商人將它以高於本身價值的幾倍甚至10倍相當於翡翠A貨的價格出售，需要特別小心，擦亮眼睛以免上當！

第二章
古代玉器的種類

在漫長的歷史發展過程中，中國玉器形成了繁多的品種，涉及人們生活的各個方面，就用途而言大致可以分為：禮儀玉器、喪葬玉器、裝飾玉器、陳設玉器及其他。

一、禮儀玉器

禮儀玉器是古代進行宗教祭祀、朝覲、聘享等禮儀活動中所用的玉器，這類玉器是中國古玉中最重要的類型之一。據《周禮·大宗伯》載：「以玉作六器，以禮天地四方。以蒼璧禮天，以黃琮禮地，以青圭禮東方，以赤璋禮南方，以白琥禮西方，以玄璜禮北方。」璧、琮、圭、璋、琥、璜等，即「六器」，又稱為「六瑞」，六器的名稱和用途可以以此為證。

（一）玉　璧

玉璧是一種中心有孔的片狀圓形玉器，體積大小皆有，是用於祭天的禮器。《爾雅·釋器》曰：「肉（體）倍好（孔）謂之璧，好（孔）倍肉（體）謂之瑗，肉（體）好（孔）若一謂之環。」《周禮·考工記》載：「璧羨（半徑）度尺，好（孔）三寸以為度。」根據中央孔徑的大小把這種片狀圓形玉器分為玉璧、玉瑗、玉環三種。由此出現不同的解釋，但是不管哪種解釋，都同大量考古出土的玉璧實物不符。

肉和好的比例並不像《爾雅》裏所說的那麼規則，而是各種比例都有。夏鼐先生在《考古·商代玉器的分類、定名和用途》一文中指出：「環和瑗，實際上也是璧。」並建議「把三者總稱為璧環類，或簡稱為璧，其中器身作細條圓圈而孔徑大於全器的二分之一者，或可特稱為環」。「瑗」字，「在古玉名稱中，今後可以放棄不用」。

實際上，古人在製作玉璧時，對於璧肉與好的比例並沒有嚴格的規定，因此現在習慣上把寬邊小孔的圓狀器統稱作璧，「環」「瑗」屬於璧類玉器，是一種特殊型璧。

玉璧為我國傳統的玉製禮器之一，它起源於新石器時代，是古代玉器中出現最早並且一直延續使用的品種之一。其使用年代之久、出土地域之廣、數量之多，是其他玉器無法比擬的，文化內涵極其深厚。玉璧主要有以下幾種用途：

一為祭天禮器。按照古人天圓地方的宇宙觀，圓形的青玉璧為祭天品。有《周禮》載「蒼璧禮天」為證。

二為朝覲、聘享禮器。《周禮·大宗伯》中有「以玉作六瑞，以等邦國⋯⋯子執谷璧，男執蒲璧」和《漢書》「王侯宗室朝覲聘享，必以皮幣薦璧，然後得行」等記載為證。

三為禮儀饋贈禮品。《史記·滑稽列傳》記載：「於是齊威王乃益齎黃金千鎰，白璧十雙，車馬百駟。髡辭而行，至趙。」《史記·晉世家》載：「負羈乃私遺重耳食，置璧其下，重耳受其食，還其璧。」《漢書》載：「沛公⋯⋯間道走軍，使張良留謝羽。羽問：『沛公安在？』良曰：『聞將軍有意督過之，脫身，間至軍矣，故使臣獻璧。』羽受之。」這都是以璧作為禮品的例證，說明玉璧在當時的政治交往中充當著重要角色。

四為王者禮士之用。《韓詩外傳》曰：「楚襄王遣使持金十斤，白璧百雙，聘莊子以為相，莊子固辭。」《荀子·大略篇》曰：「聘人以圭，問士以璧，召人以瑗，絕人以玦，反絕以環。」

五為佩飾之用。作為佩飾用的是一種小型玉璧，為掛在腰間的佩飾，故又稱為「繫璧」。古代有君子佩玉不離身之俗，尤以佩戴「繫璧」較多，故小型玉璧在古代玉器中佔有比例很大。佩戴不同紋飾的玉璧寓意也有所不同：穀紋璧表示五穀豐登、豐衣足食，雲紋璧表示風調雨順、國泰民安，蒲紋璧表示草木茂盛、六畜興旺。

六為殮葬之用。《周禮·春官》曰：「駔圭、璋、璧、琮、琥、璜之渠眉，疏璧、琮以斂屍。」在考古發掘的墓葬中出土的玉璧很多，有的出自墓主胸部和背部，有的鑲嵌於棺槨內外壁。如1982年江蘇草鞋山M198和武進縣寺墩遺址M3出土了100多件器物，其中絕大部分是玉器，玉璧占了很大的比例，充分說明古人以玉璧斂屍的事實。

西漢　玉獸面紋璧　安徽省天長市三角圩漢墓群出土（引自《安徽館藏珍寶》圖187）

玉璧的紋飾隨著時代的不同而變化。新石器時代玉璧多為光素無紋，器形較為簡單，製作工藝粗糙，肉與好之比例無定制，往往在器物表面有切割遺留的痕跡（在各類玉器的表面都有此現象）。

商周時期仍以素璧為多，但器形已較為規整，製作工藝有所提高。到了春秋戰國時期，開始出現有紋飾的玉璧，多為淺浮雕，常見的有穀紋、螭紋、鳥紋、龍紋、虎紋、勾連雲紋等，採用多層次紋飾裝飾璧面，很少有素面的。

戰國時期注重選材，多採用新疆和田玉，並出現新的品種「出廓玉璧」。

兩漢時期的玉璧多延續了戰國時期的品種及紋飾，無論是製作工藝還是藝術風格都達到了頂峰。典型的有穀紋、獸面紋、鳥紋、蒲紋、臥蠶紋等組合紋飾裝飾璧面，此類玉璧尺寸較大。如獸面蒲紋璧，見之於戰國和漢代，璧的表面外區飾獸面紋、龍紋或鳳鳥紋，用同心圓繩紋相間；內區飾蒲紋，多分為三區。六朝時期玉璧少有出土。

唐宋時期玉璧多為傳世品，出現了浮雕龍紋、螭紋、花草紋、禽鳥紋、雲朵紋裝飾的玉璧，圖案紋飾更趨於寫實。宋代玉璧多為仿漢代的形制。元明清時期的仿古玉璧增多，裝飾圖案更加豐富多彩，但雕刻粗糙，此時的玉璧已基本失去了禮器的性質。

（二）玉　琮

玉琮是一種內圓外方筒狀玉器。《周禮·考工記·玉人》載：「大琮十有二寸，射四寸，厚寸。」《周禮·大宗伯》有「以黃琮禮地」的記載。鄭玄補注《周禮》時說：「琮八方，象地。」東漢許慎《說文解字》曰：「琮，瑞玉，大八寸，似車釭。」如上所述，

良渚文化　玉獸面紋琮　江蘇省武進縣寺墩墓葬出土（引自《中國美術全集·玉器》圖41）

玉琮為我國古代重要禮器之一，是禮地的品種。

琮的外方內圓代表了天圓地方的觀念，中間的穿孔象徵著天與地之間的貫通，所以琮是溝通天地的法器。最早的玉琮見於江浙一帶的新石器時代良渚文化遺址墓葬，其數量之多，紋飾之精美，是其他文化不可比擬的。其中最具代表性的是神獸紋玉琮，有學者根據其造型和紋飾特徵，推測其為巫師通天地敬鬼神的一種法器，帶有強烈的原始巫術色彩，其具體的使用方法還有待考證。

此外，安徽潛山薛家崗文化、廣東的石峽文化、山西的陶寺文化、山東的龍山文化及其他史前文化遺址也有少量的玉琮出土。商周時期玉琮數量不多，從出土的實物看，這一時期琮的形體普遍較小，多光素無紋。漢代墓葬出土玉琮很少，且為舊玉改製而成。宋以後多為仿古玉琮，以仿商周素面矮體玉琮為多，也有仿良渚文化玉琮，但已遠遠地脫離了先秦時期的風格。

玉琮的功能與意義有二：一是祭祀用的禮器之一，它與璧、圭、璋、璜、琥等統稱為「六器」；二是權勢和財富的象徵。

（三）玉　圭

《說文》中稱：「剡上為圭。」指的是上部尖銳下端平直的片狀玉器。《周禮・大宗伯》載「以青圭禮東方」。圭是六瑞中最為繁雜的一種重要禮器。一般認為玉圭是由玉斧演變而來的，來源於新石器時代的石斧，因此，今天考古界將新石器時代至商周時期的許多玉斧及方首長條形玉器都定名為圭。真正標準的尖首形玉圭始見於商代而盛行於春秋戰國時期。商代的玉圭有兩種形式，一種平首，圭身飾雙鉤弦紋；另一種尖首平端，近似後代的圭。周代玉圭，以尖首長條形為多，圭身光素。戰國時期出土的圭數量較多，製作規整，其中不少是石製的。圭身寬窄大小不一，多為光素。漢以後玉圭少見，

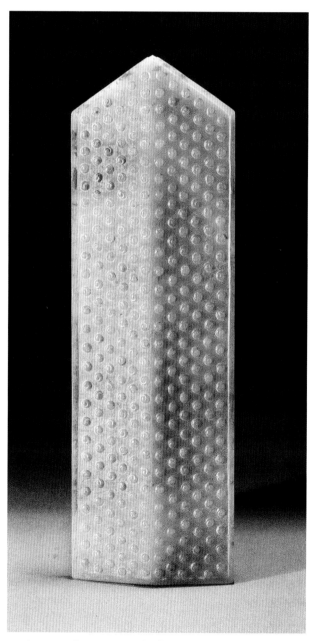

戰國　玉穀紋圭（引自《中國文物精華》圖63）

商　玉璋　四川省廣漢市三星堆遺址二號祭祀
坑出土（引自《中國出土玉器全集13》圖29）

基本不見使用。明代玉圭呈尖首平底
狀，形體較大，製作精緻，多有紋飾，
如乳丁紋、蒲紋、海水紋等。

　　玉圭還用於天子諸侯舉行朝覲、聘
享、祭祀等活動，《周禮・大宗伯》中
說道：「王執鎮圭，公執桓圭，伯執信
圭，侯執躬圭……」由執不同尺寸的玉
圭，顯示了不同的等級，不同尺寸的圭
加以不同的名稱，也顯示了周室安邦理
國的信念。《周禮》所記載圭的形制和
用途，現在考古資料還不能予以證實，
不少問題有待研究。

（四）玉　璋

　　玉璋形制猶如玉圭，東漢許慎在
《說文解字》中曰：「半圭為璋。」器
形呈扁平長方體狀，首部的一端有斜
刃，呈斜坡狀，另一端有穿孔。《周禮
・大宗伯》有「以赤璋禮南方」的記
載。玉璋的種類據《周禮》中記載，有
赤璋、大璋、中璋、邊璋、牙璋等。
《周禮・玉人》又載：「大璋、中璋九
寸，邊璋七寸，射四寸……天子以巡
守。」說明玉璋除用作六器之外，還是
天子巡守時祭山川的禮器。

　　以大璋祭大山川，以中璋祭中山
川，以邊璋祭小山川。禮畢若所祭的是
山，就將璋埋於地下；若所祭的是川，
就將璋投到河裏。玉璋既是古人祈年、
祭天、拜日等的禮器，同時還是權力和
社會地位的象徵。牙璋的形制稍有不
同，因在璋的下部邊側琢有齒棱，故稱

為「牙璋」。關於它的用途最早見於《周禮・典瑞》：「牙璋以起軍旅，以治兵守。」
　　玉璋起源於黃河流域，始見於新石器時代晚期，山東龍山文化遺址出土過3件玉璋，
為迄今所知最古老的玉璋。另外，四川三星堆遺址、金沙遺址中均出土了大量的玉璋，比
其他遺址或地點出土玉璋數量的總和還多。殷墟西區900餘座小墓中有41座出土共計183
件石璋。西周的玉璋比較少見，器形與商代的相近。春秋時期的玉璋形狀較多，而戰國以
後，出土玉璋幾乎沒有。

（五）玉　璜

玉璜是一種弧形片狀玉器，兩端或中間各有一孔。《說文》稱：「半璧為璜。」實際上大量考古發掘出土的玉璜一般是璧的三分之一或接近二分之一，寬窄不一，只有少數為規整的半璧形。玉璜在「六器」中被作為禮器，《周禮‧大宗伯》載：「以玄璜禮北方。」可是在考古發掘中，玉璜多發現於死者的胸部和腹部，有的成組出現作為裝飾品佩於胸前。

目前最早的玉璜出土於距今7000餘年的浙江餘姚河姆渡文化遺址。這一時期玉璜光素無紋，兩端各有一穿孔，製作不規整。商周時期，玉璜仍普遍地使用，製作工藝大大提高，玉璜既為禮器之一，又作佩飾。春秋戰國時期玉璜最為盛行，作為成組佩玉的組成部分大量出現，其形式和紋飾極為豐富，璜的兩端多為獸頭龍形，並出現了許多異形璜。漢代玉璜明顯繼承了戰國的遺風，雕琢更加精細，有平面雕龍紋、鏤雕雙龍首璜等。到魏晉南北朝時期，仍有玉璜裝飾佩玉，隋唐以後玉璜逐漸消失，取而代之的是各種新形式的玉佩飾。

璜是六器中樣式最繁雜、數量最多的一種玉器。其形式多種多樣，主要有半璧形璜、長條形璜、扇面形璜、動物形璜、雙獸連體形璜、橋形璜、組合形璜等。

（六）玉　琥

玉琥是一種刻有虎紋或雕琢成伏虎形的玉器，風格有別於前五器。據《周禮‧大宗伯》記載：「以白虎禮西方。」因此，琥是祭祀西方的禮器，一般用白玉雕成。琥除了祭西方之神外，還作為發兵之用。如《說文解字》曰：「琥，發兵瑞玉，為虎文。」從考古發掘出土的和傳世的虎形玉器來看，有平面線刻的玉虎和圓雕及浮雕的玉虎，究竟哪種是禮器玉琥，很難說清楚。

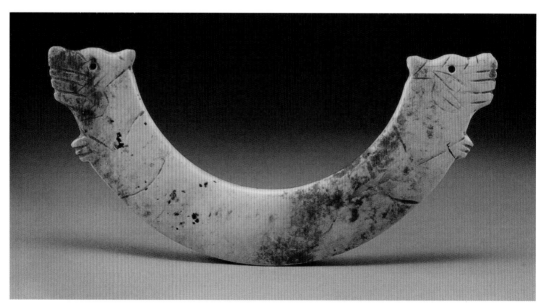

新石器時代　玉虎首璜　安徽省凌家灘遺址出土（引自《安徽館藏珍寶》圖165）

殷商　玉虎　河南省安陽市殷墟婦好墓出土（引自《中國玉器全集2》圖65）

夏鼐先生指出：「我以為表面刻虎紋的玉器應依器形命名，前加『虎紋』二字。至於虎形玉器，有孔的可稱虎形玉佩，無孔的當為玩器或陳列品，可稱玉虎。」殷商婦好墓出土了圓雕和浮雕玉琥各4件，均有孔，當屬於裝飾玉，應稱為虎形玉佩，不是儀禮中的瑞玉，也不是古代發兵所用的虎符。

可見虎形玉器一般多作為佩飾、陳設器或玩器。

二、喪葬玉器

喪葬玉器「是指那些專門為保存屍體而製造的隨葬玉器，而不是泛指一切埋在墓中的玉器」。喪葬玉器的主要品種有玉衣、玉塞、玉琀、玉握等。

（一）玉　衣

玉衣在古籍中又稱為玉匣或玉柙，是漢代皇帝和高級貴族死時使用的殮服。玉衣的外觀與真人形體相同，專為罩屍之用。用玉石琢成方形、長方形、梯形、三角形或多邊形等形狀的小玉片，四角有孔，用金、銀、銅絲縷織而成，不同的縷織材料，表明了死者的身

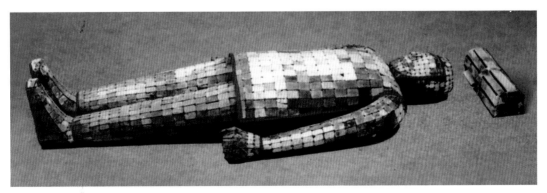

東漢　銀縷玉衣　安徽省亳州市董園1號墓出土（引自《安徽館藏珍寶》圖210）

份地位等級的高低。玉衣由頭罩、上衣、袖子、手套、褲筒和鞋子六個部分組成。據《續漢書‧禮儀志》記載，漢代皇帝死後使用金縷玉衣，諸侯王、列侯、始封貴人、公主使用銀縷玉衣，大貴人、長公主使用銅縷玉衣。

但在西漢時期並未形成嚴格的制度，從考古發掘出土的玉衣資料來看，西漢時期的諸侯王也使用金縷玉衣，如西漢中山靖王劉勝夫婦使用的就是金縷玉衣。

玉衣的起源最早可追溯到兩周時期的「綴玉面幕」和「綴玉衣服」，它們是玉衣的雛形。真正的玉衣形成於西漢時期，以玉衣斂屍一直延續到東漢末年。魏黃初三年（公元222年），魏文帝曹丕下令禁止使用玉衣。

（二）玉　塞

玉塞即堵塞或遮蓋在死者九竅的玉器。分別為：眼塞2件，鼻塞2件，耳塞2件，口塞1件，肛門塞1件，生殖器塞1件。其中口塞並不能全部含進口中，故和玉琀有所不同。晉葛洪在《抱朴子》中說：「金玉在九竅，則死者為之不朽。」這種認識與玉衣能使屍體不朽是相同的。古人對玉有著近乎迷信的崇拜，認為玉可以讓活人平安，使死人不朽。認為用玉堵住「九竅」，可以防止人體內的精氣外逸，從而使屍體不朽。

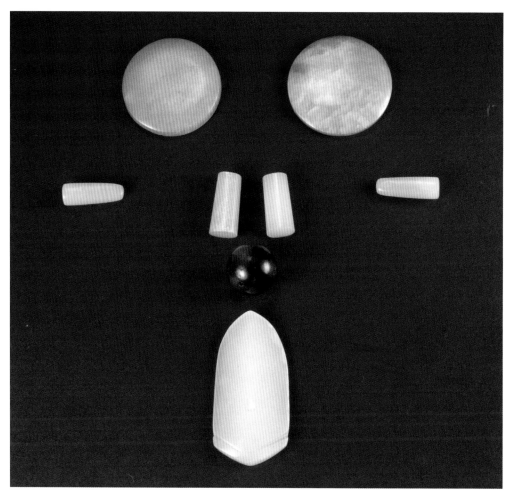

西漢　玉七竅塞　安徽省天長市三角圩漢墓群出土（引自《安徽館藏珍寶》圖193）

(三)玉 琀

　　玉琀是指含在死者口中的玉器。含玉的習俗最早出現於新石器時代的崧澤文化，該文化遺址共出土了三件玉琀，分別為雞心形、圓餅形和璧形。出土時發現於死者的口中，是我國迄今所見最早的玉琀。各個時代玉琀的形制有所不同，有用玉蟬、玉蠶、玉魚、玉管

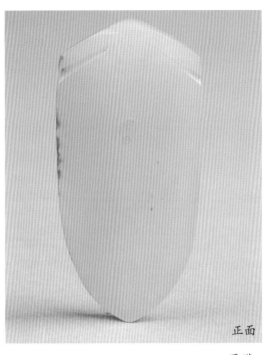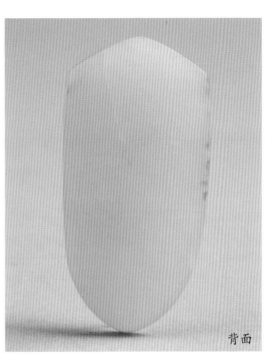

正面　　　　　　　　　　　　　　背面

西漢　白玉蟬

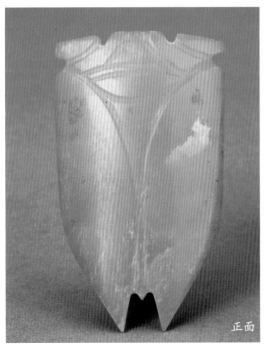

正面　　　　　　　　　　　　　　背面

漢　青白玉蟬

及未經加工的碎玉塊等作為玉琀的，一般較小的玉件都可充當玉琀。漢代墓葬中發現的玉琀多為玉蟬，又稱為「含蟬」，一般無穿孔。蟬在古人的心目中有著特殊的意義，它有人們普遍能接受的象徵意義，即「幻化」和「高潔」。用玉蟬作為口含，表達了企求轉生、再生的願望，期望死者像蟬一樣能蛻化再生。

（四）玉　握

玉握是死者握在手中的玉器，多做成豬形，造型和紋飾都極其簡單。也有死者握的是無孔的瓏形玉器。玉豬呈長方柱形，上方背部稍渾圓，底部平直為腹部；身上用幾條粗陰刻線雕出眼、耳、口、足，俗稱「漢八刀」。古人認為豬是財富的象徵，不忍心死者空手而去，讓其手握玉豬，祈禱他在另一個世界也活得富足。

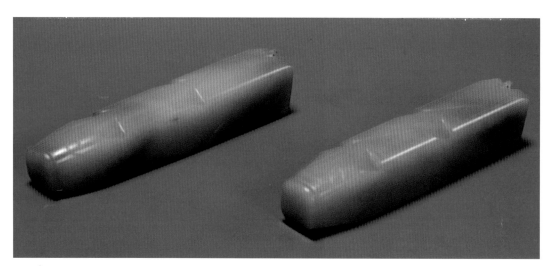

東漢　青白玉豬　安徽省亳州市鳳凰台一號東漢墓出土（引自《安徽館藏珍寶》圖209）

三、裝飾玉器

古代常見的裝飾玉器既包括人們隨身佩戴的裝飾品，也包括日常生活中實用的裝飾玉器，其品種繁多，紋樣豐富多彩。

孔子曰：「君子比德於玉焉。」在儒家的眼裏，玉不只是一種「石之美者」，還是儒家道德的化身和象徵。一直以來，儒家認為玉是聖潔、完美的象徵，玉代表了德，而德又物化為玉，把玉推崇至品德優美的極高程度，更是將是否佩玉與道德高尚與否相聯繫。《禮記·玉藻》云「君子無故，玉不去身」，佩玉是君子有德的象徵，因此佩玉的風尚一直流傳至今。

佩玉是指佩於人身上的各種玉器，品種十分繁雜，大致有頭飾、耳飾、項飾、手飾、身飾幾個類別。其特點是形體較小，大多有穿孔，便於佩掛。佩玉可單獨佩掛，亦可成組佩戴。玉璧、玉璜除了作為禮器之外，也可作為佩飾之用。玉佩飾的出現最早可追溯到新石器時代，我們的祖先在勞動和生活中發現了比石頭漂亮的玉石，其含蓄堅韌而又溫潤瑩澤，於是將其做成各種可佩戴的裝飾物，這種習俗綿延了數千年。

春秋早期　玉龍紋玦　河南省光山縣寶相寺黃君孟墓出土(引自《中國美術全集‧玉器》圖94)

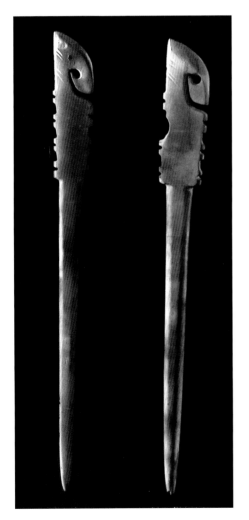

商　玉笄　河南省安陽市小屯18號墓
出土(引自《中國玉器全集2》圖110)

(一) 玉　玦

　　玉玦是一種形如環而有一缺口的玉器，是我國最古老的玉製裝飾品，以中小型居多。《白虎通》曰：「玦，環之不周也。」《廣韻》釋玦：「玦如環而有缺。」目前所見最早的玉玦出土於內蒙古赤峰市興隆窪文化遺址，表面光素無紋。該文化距今8000多年，說明當時的人類就已經懂得用玉磨製耳環來裝飾自己。至於玉玦的用途，眾說紛紜，主要有以下幾種：

　　一是作為耳飾。從新石器時代墓葬開始出現，一直到西周和春秋、戰國時期的墓葬中常有玉玦出土，多位於死者的耳邊，且成雙成對。

　　二是作為佩飾。許慎在《說文解字》中云：「玦，玉佩也。」玉玦可繫繩懸掛。後來人們把玉玦雕琢出各種各樣精美的紋飾，用作掛於胸前或腰間的佩飾，象徵佩戴者凡事果敢決斷。

　　三是作為殉葬品。有人認為玦與「訣」「絕」同音，表示活人與死者永別，應該是死者的專用品。

　　四是作為信器。

(二) 玉　笄

　　玉笄是用來簪髮和連冠用的玉器。《說文解

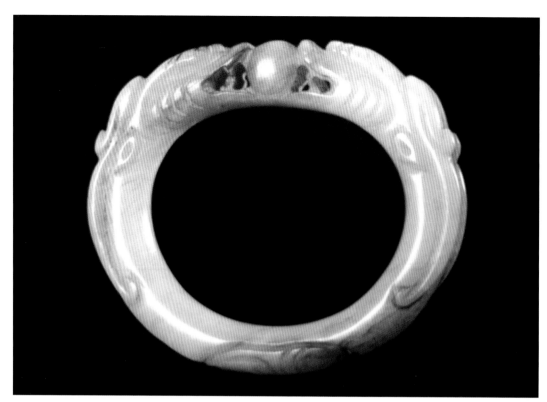

清　玉龍紋鐲　陝西省西安市南郊陝西師範大學出土（引自《中國出土玉器全集14》圖238）

字》曰：「笄，簪也。」玉笄最早出現於新石器時代，一直延續至清代。

（三）玉　鐲

　　玉鐲是戴在手臂上的環形器，自古以來是人們最基本的腕飾之一。玉鐲在新石器時代墓葬中已見出土，數量較多，製作較為簡單。

　　春秋時期玉鐲一般為扁圓形，到了唐代，婦女用玉鐲裝飾手臂已經非常普及，並出現了鑲金玉鐲。明清時期玉鐲的品種更加豐富，形式多樣，製作工藝也達到了頂峰，在鐲的表面雕琢各種紋飾，如螭虎紋、二龍戲珠紋、聯珠紋、絞絲紋、竹節紋等，清代還出現了用翡翠製作的手鐲。

（四）玉　觿

　　玉觿（ㄒㄧ）是一種角形器，形狀上寬下尖，呈弧形。最初是用獸的角骨製成的，人們隨身攜帶，用作解結的工具，為實用器。後來到了春秋戰國時期，觿用玉製作，便失去了原本的實用價值，成為單純的佩飾。可單獨佩戴，也可和其他玉器組合佩掛，一般繫在組佩的最下端，常常是成對出現，玉質、紋飾、大小相同。自新石器時代出現至漢代，經久不衰，但漢以後不多見了。

（五）玉帶鈎

　　玉帶鈎是用來勾束腰帶的器物，它既是實用器，又是裝飾品。帶鈎一般有金、銀、

西漢　玉龍紋觿　安徽省巢湖市北山頭漢墓出土（引自《安徽館藏珍寶》圖199）

西漢　白玉帶鈎　安徽省天長市三角圩漢墓群出土（引自《安徽館藏珍寶》圖190）

銅、鐵、玉、石等多種質地，而玉質帶鈎是其中較為珍貴的一種。迄今為止時代最早的玉帶鈎出土於浙江餘杭反山良渚文化墓葬，出於死者骨架下肢部位。形制短而寬，正面呈長方形，兩端下卷，一端有兩側對鑽而成的圓孔，該器物應該是玉帶鈎的初始形態。帶鈎主要由鈎首、鈎身、鈎鈕三個部分組成。

玉帶鈎出土的實物較多，形式各異，紋飾豐富多彩，較常見的主要有長條形、禽鳥形、曲棒形、獸面形、琵琶形等。

（六）玉帶飾

玉帶是指鑲玉片的革帶，是由鞓（ㄊㄧㄥ，皮革帶）、銙（ㄎㄨㄚˋ，帶上鑲嵌物）、鉈尾（也稱為獺尾）組成，既是裝飾品，又是實用器。革帶上依等級不同，綴有不同質地的帶飾，有玉、犀、金、銀等，其中以玉帶飾最為珍貴，主要用以標誌身份地位的高低。目前最早的玉帶出土於陝西咸陽北周時期的若干雲墓，為八環蹀躞（ㄉㄧㄝˊ　ㄒㄧㄝˋ）帶。玉帶一直沿用至明代，到了清代已廢除玉帶制度。玉帶銙的形式主要有方形、長方形、桃形、拱形等，表面雕琢各種圖案或光素無紋。

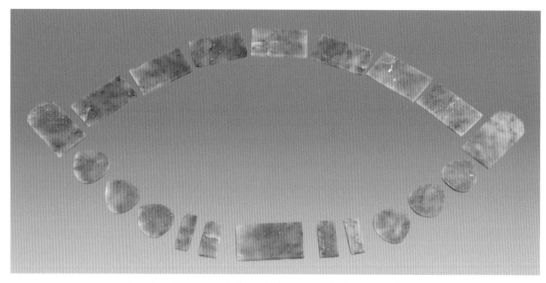

明　碧玉帶　江西省南昌市食品公司基建工地明墓出土

（七）玉劍飾

　　玉劍飾是指鑲嵌於劍上的裝飾玉器。飾玉的劍又稱作玉具劍，一套完整的玉劍飾由四個玉飾件組成，分別是劍首（飾於劍的柄端）、劍格（飾於劍柄與劍身之間）、劍璏（ㄨㄟˋ，鑲於劍鞘中央外側）、劍珌（ㄅㄧˋ，鑲於劍鞘末端）。

　　玉具劍是一種身份地位的象徵，為王公貴族專用。玉具劍最早出現於春秋晚期，盛行於戰國及兩漢時期。漢以後玉劍飾已不多見，到了宋代和明清時期出現了大量仿戰國和兩漢的玉劍飾，最為常見的是玉璏，但在紋飾和做工上都有別於戰國和兩漢時期，已不再作為劍飾之用。

西漢　玉鏤雕獸面雙鳳紋劍格　廣東省廣州市南越王趙眜墓出土
（引自《中國玉器全集4》圖80）

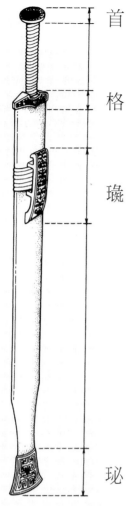

首

格

璏

珌

玉具劍示意圖（引自
《中國玉器賞鑑》）

西漢　玉浮雕螭紋劍首　廣東省廣州市南越王趙眜墓出土
（引自《中國玉器全集4》圖79）

西漢　玉浮雕螭紋劍璏　山東省巨野縣紅土山墓葬出土（引自《中國玉器全集4》圖122）

西漢　玉浮雕螭紋劍珌　廣東省廣州市南越王趙眜墓出土（引自《中國玉器全集4》圖81）

（八）玉剛卯

　　玉剛卯是一種小方柱形玉器，中部有對穿孔，可穿繩佩掛，用以避鬼驅邪，是古代的一種護身符。在器物的四面各刻有8個字，作兩行，文字用陰線刻得淺而細，似用細針寫畫的感覺。因製作的時間必須選在正月中剛陽的卯日，故稱為「剛卯」，與「嚴卯」同稱為雙印。剛卯始於西漢後期，王莽時期曾一度廢除，東漢又恢復使用，漢以後廢止。剛卯的文字大意為崇揚劉姓，強盛漢朝，威震四方，驅除邪惡。剛卯、嚴卯在考古發掘品中較為少見，1972年8月，亳州市南郊鳳凰台一號東漢墓出土了一對剛卯、嚴卯，為我們研究漢代剛卯提供了寶貴的資料。

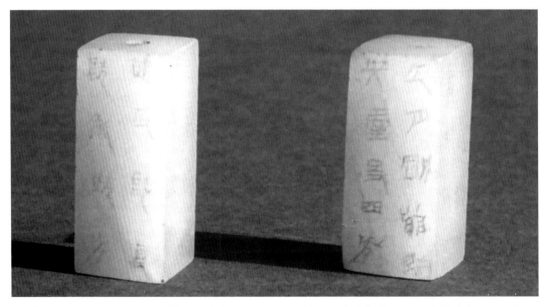

東漢　白玉剛卯　安徽省亳州市南郊鳳凰台一號墓出土（引自《安徽館藏珍寶》圖207）

四、陳設玉器

陳設玉器是指那些專門供擺設觀賞的器物，形制和題材極為廣泛。主要有如意、山子、插屏、花瓶，各種仿古彝器，各類圓雕的人物、動物等。還有兼具實用和陳設功能的器物，如香爐、香薰、容器等。1976年殷墟婦好墓出土的圓雕的玉龍、玉跪人、玉牛、玉龜、玉虎等器物，器形較大，無法佩戴，這些都應該是到目前為止已知最早的陳設玉

清　翡翠山水人物紋山子（引自《中國玉器全集6》圖261）

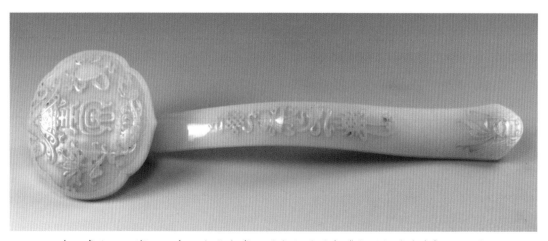

清　青白玉八寶紋如意　安徽省廬江縣出土（引自《安徽館藏珍寶》圖241）

器。

陳設玉器的大量出現是從唐代開始的，因信奉佛教，出現了很多圓雕玉佛像。宋代嗜古成風，出現了從器形到紋飾多模仿青銅器的玉雕件，如簋（ㄍㄨㄟˇ，古代盛食物的器具，圓口，兩耳）、卣（一ㄡˇ，盛酒的器具，口小腹大）、樽、爐、瓶、洗等。元代的陳設玉器出土和存世的都不多，但也不乏精品，如存放在北京團城舉世聞名的瀆山大玉海，

元　玉龍紋活環尊（引自《中國美術全集・玉器》圖273）

是目前所知最早的重達3500公斤的大型玉雕。

明代的陳設玉器更加豐富多彩,有樽、匜(ㄧˊ,盥洗時舀水用的器具,形狀像瓢)、爐、觚(ㄍㄨ,盛酒的器具)、花插及象牲器等多種形式,其中大多為仿古彝器,內容豐富,從造型到紋飾,幾乎無所不仿,並取得了輝煌的成就。

清代的陳設玉器多為帝王及王公貴族所享用,選料更加精細,玉雕的體積也越來越大,大型的玉山子可重達幾千公斤。另有如意、象牲、插屏、香筒、花插等。並出現了大量的仿青銅器的鼎、樽、簋、觚、壺、爐、釪等,器形莊重典雅,此時的陳設玉器的設計和製作工藝已經達到了歷史頂峰。

五、文房玉器

文房玉器是文人的書房用具,主要有筆筒、筆洗、筆管、筆架、水盂、墨床、鎮紙、臂擱、硯臺、硯滴、筆捵、印章等。文房玉器的產生與書畫的盛行有著密切的關係,最早始於漢代,但品種不多,發現的有硯滴、筆屏、印章等。主要盛行於明清時期,其時文房玉器的品種齊全、種類繁多、選材精良、做工考究、題材豐富、紋飾繁縟。文房用玉不僅有實用性,還具有一定的觀賞價值。

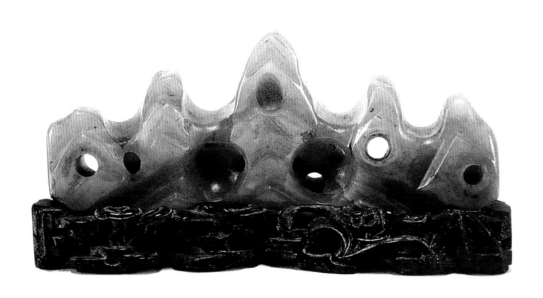

明　玉山形筆架(引自《文房珍品》文房用具圖21)

六、玉製器皿

最早的玉製器皿出現在商代,但數量不多,目前見到的是1976年殷墟婦好墓出土的玉簋、玉盤等,為仿青銅器的形制。戰國至兩漢時期常見的玉製器皿有卮(ㄓ,盛酒的器皿)、角形杯、燈、羽觴、高足杯等,與同時期青銅器和漆器的形制相同。到了唐宋時期,玉製器皿品種增多,杯、碗、碟、瓶等大量出現,形式多樣,紋飾圖案更加豐富多彩。明清時期的玉製器皿無論是品種還是數量都達到了鼎盛,有執壺、耳杯、盒、盞、

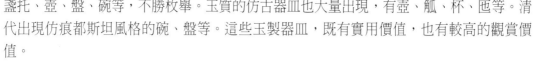

盞托、壺、盤、碗等，不勝枚舉。玉質的仿古器皿也大量出現，有壺、觚、杯、匜等。清代出現仿痕都斯坦風格的碗、盤等。這些玉製器皿，既有實用價值，也有較高的觀賞價值。

西漢 朱雀紋玉卮（引自《安徽館藏珍寶》圖192）

西漢　朱雀紋玉巵
（引自《安徽館藏珍寶》圖192）

清　碧玉獸面紋獸耳活環壺（引
自《中國玉器全集6》圖186）

第三章

古代玉器的時代特徵

　　中國玉器歷史悠久，在不同的歷史時期，受當時的政治思想、文化藝術的影響，在審美情趣、玉材選擇、雕琢技術、製作工藝等方面都有所不同。因此，歷代玉器在造型、紋飾、工藝等方面都有著較強的時代特徵。

一、新石器時代玉器

　　新石器時代玉器尚處於「孕育階段」，由於區域不同及文化內涵的差異，各文化圈的玉器在材質、器形、工藝等方面既有自身的特點，同時也存在共性。玉材一般都是就近取材，玉雕工藝由簡到繁，器形有動物、琮、璧、斧、圭、璜、玦、鐲、管、珠等。器物以片狀為多，由於琢玉工具和技術的落後，大多厚薄不均勻，往往一邊厚一邊薄，甚至留有開片時錯位的痕跡及弧形的切割痕。而平面磨得很平的極少，在平面的中部皆微微隆起，邊緣較薄或有坡度。穿孔多為兩面對穿而成，由於技術問題，在孔的中部交接處會出現棱臺。單面鑽孔的外部直徑大，越往裏直徑越小，孔不圓，似圓錐形，俗稱馬蹄孔。

　　我國迄今所知年代最早的玉器出土於內蒙古敖漢旗的興隆窪文化遺址，有著8000多年的歷史。新石器時代中晚期玉器主要分佈於遼河流域的紅山文化，黃河流域的大汶口文化、龍山文化、齊家文化，長江流域的河姆渡文化、馬家濱文化、崧澤文化、良渚文化、薛家崗文化、凌家灘遺址、石家河文化等。在漫長的新石器時代裏，玉器的雕琢技法不斷進步，為商周玉器的發展打下了基礎。

（一）興隆窪文化玉器

　　興隆窪遺址位於內蒙古赤峰市敖漢旗，興隆窪文化因內蒙古敖漢旗興隆窪遺址的發掘而得名。同類文化性質的遺址還有內蒙古林西縣白音長汗、克什克騰旗南臺子，遼寧阜新縣查海遺址等。20世紀經過科學發掘出土玉器的總數達100餘件。經測定興隆窪文化的年代為距今8200～7400年。主要器物有玦、匕形器、彎條形器、管、斧、錛、鑿等，器體均偏小。而玉玦的出土量最多，是興隆窪文化最典型的玉器之一，常成對出土於墓主人的耳部周圍，應是墓主人生前佩戴的耳飾。

　　玉器的材質皆為陽起石——透閃石，色澤多呈淡綠色、黃綠色、深綠色、乳白色或淺

新石器時代　玉玦　興隆窪文化（引自《中國出土玉器全集2》圖2）

白色。玉器均光素無紋，鑽孔有單面鑽和兩面鑽兩種。興隆窪文化玉器是我國迄今所知年代最早的真玉器，它的發現為紅山文化玉器找到了直接的源頭。

（二）紅山文化玉器

　　紅山文化遺址分佈於遼寧、內蒙古地區，因最早發現於內蒙古赤峰的紅山，故定名為紅山文化，距今6000～5000年。玉材多為岫岩玉，有青綠色、黃綠色和淡黃色。器物造型有：動物形，如龍、鳳、鷹、鴞、燕、蠶、魚、龜、豬首獸、豬龍形獸等；幾何形，如勾雲形佩、馬蹄形器、丫形器等；常見的玉器還有璧、雙聯璧、三聯璧、環、玦、璜、箍、鐲、串飾、竹節玉飾、斧、刀等。其中1971年採集於內蒙古翁牛特旗三星他拉村的大型「Ｃ」形玉龍，堪稱「中華第一龍」。

　　紅山文化玉器採用圓雕、浮雕、透雕、鑽孔、線刻等技法製成，裝飾工藝簡潔，線條疏朗、粗獷，多為抽象圖案。一般玉器的表面很少有裝飾性的紋樣，大多通體磨光，僅僅在眼和口部做精細雕琢，表示眼睛或獠牙，從而表現動物形象。如獸形玦又稱為玉豬龍，其造型呈環狀，一側有缺口，缺口的一側雕獸頭，首尾相望。獸頭寬而大，圓眼，臉部前凸，身體光素呈彎柱形，獸頭的頸部有一圓形孔。除此之外，器形多為扁平體，而器物的邊緣常琢成薄形，似刃狀。如勾雲形佩是紅山文化中較為特殊的一種玉器，呈長方形，中間鏤空作勾雲狀，在玉面研磨出淺凹槽紋路，或隱或現，富於變化，具有特殊的裝飾美感。出土時位於死者的胸部，可能是佩掛於胸前的裝飾品。

　　紅山文化玉器幾乎都琢有孔洞，應該是用於懸掛或佩戴之用。鑽孔一般為單面鑽，兩面孔徑大小不一，剖面呈倒梯形，俗稱馬蹄孔。而一些大型器物則採用雙面鑽孔，孔徑呈兩端大中間小，有的對穿孔對接有誤差，因而孔徑內有臺階痕。

　　玉馬蹄形器僅見於紅山文化，出土較多。截面多呈橢圓形，其上口大下口小，上端為斜坡，口沿出刃，下端平，兩側各有一穿孔，因外形頗似倒置的馬蹄而得名。該類器物多出土於死者的頭骨下或胸腹間，對其用途目前學術界說法不一：一是束髮器，二是武器或工具，三是護臂器，四是舀米的器具，五是禮樂器。此類奇特的玉器究竟作為何用，有待

新石器時代　玉豬龍　紅山文化（引自《牛河梁紅山文化遺址與玉器精粹》圖111）

於今後更多更新的考古資料進行佐證。

2002年至2003年，遼寧省文物考古研究所發掘的牛梁河第十六地點四號墓，隨葬品共有8件，其中玉器6件，有玉鳳、玉人、玉箍形器、玉鐲、玉環、綠松石墜飾等。玉鳳位於墓主人頭頂骨下側，玉人出自墓主人左側盆骨外側。這兩件器物雕琢精細，造型別致，為首次發現的新器形，豐富了紅山文化玉器的品種，尤其是玉人的出土，填補了紅山文化人形玉造型的空白，尤為重要。

新石器時代　勾雲形大玉佩　紅山文化（引自《牛河梁紅山文化遺址與玉器精粹》圖133）

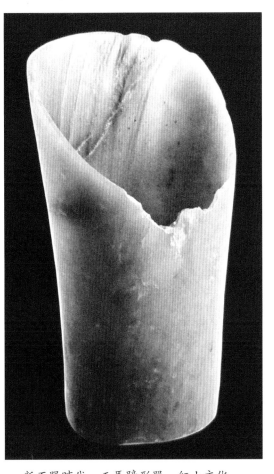

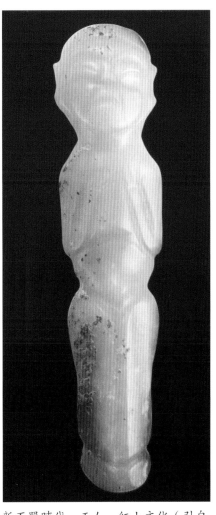

新石器時代　玉馬蹄形器　紅山文化
（引自《中國出土玉器全集2》圖134）

新石器時代　玉人　紅山文化（引自
《中國出土玉器全集2》圖109）

新石器時代　玉鳳　紅山文化（引自《中國出土玉器全集2》圖112）

(三)大汶口文化玉器

大汶口文化因1959年首先發現於山東省泰安寧陽縣大汶口而得名，其主要分佈在山東的北部和南部地區，距今6300～4500年。玉器品種多為生產工具和裝飾品，主要有鏟、斧、鑿、鏃、琮、璧、二聯璧、三聯璧、環、臂環、指環、笄、管、鐲、人面形飾、錐形器等。玉料主要來源於山東泰安、鄒縣和萊陽等地，玉器的顏色有墨綠、翠綠、淡黃、雞骨白、白色帶黑斑等，還有大理石和綠松石等製品。

在眾多的玉器中，多連環玉串飾別具一格，為大汶口文化所特有。如1971年山東鄒縣野店出土的玉串飾，由四連環、雙連環和單連環組成，表現了大汶口人原始的審美情趣，其組合形式應是後期所流行的玉組佩的前身。

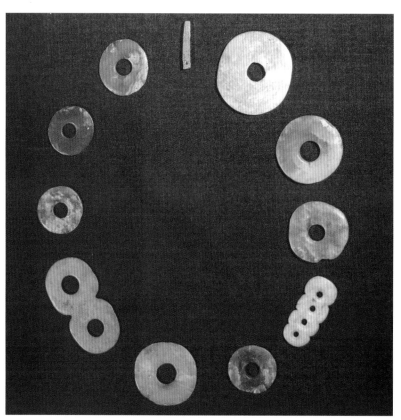

新石器時代　多連環玉串飾　大汶口文化
（引自《中國玉器全集1》圖34）

(四)龍山文化玉器

龍山文化分佈較廣，分為山東龍山文化（典型龍山文化）、河南龍山文化和陝西龍山文化等類型。在這三類文化中，以山東龍山文化發現的玉器最多。最早發現於山東省章丘縣龍山鎮城子崖，距今4000～3500年。玉器種類主要有斧、錛、鏟、刀、鑿、鉞、戈、璋、圭、璇璣、琮、玦、璧、環、笄、虎首形佩、人首形佩、鳥形佩等。玉材多為透閃石，主要以青綠、淺綠、青灰、墨綠、黃褐色和白色為主，還有綠松石。整體看器物造型

規整，製作精細，雕琢工藝以平雕為主，鏤雕為輔。最具有代表性的是獸面紋玉鏟，山東日照兩城鎮出土，為墨玉質，出土時已斷成兩截，由於不是出土於同一位置，故所受沁色不一樣。玉鏟為扁平長方形，兩面刃，上部兩面陰線刻獸面紋，線條繁縟流暢。這種獸面紋應是後期青銅器上的獸面紋的祖型。

（五）齊家文化玉器

齊家文化因1924年首先發現於甘肅臨洮齊家坪而得名，距今4000～3500年。齊家文化玉器所使用的材料，主要是產自甘肅和青海本地的玉料，還有少數新疆和田玉。玉器中最多的是璧，其他還有琮、璜、斧、鏟、鏟等，大多光素。齊家文化玉器分佈範圍較廣，在甘肅、青海、寧夏的齊家文化遺址都有玉器出土，尤其以甘肅為最多。齊家文化最負盛名的玉器就出自甘肅武威皇娘娘台遺址，1957—1975年，考古人員先後在此發掘了6座房屋遺址和88座墓葬遺址，其中在一座墓中的屍骨上就疊置了80多件玉璧，十分罕見。皇娘娘台出土的玉璧形制較為特別，有圓形、橢圓形和方形三種，器形多不規整，器物表面打磨光滑，選料精良，玉多呈綠色和白色。

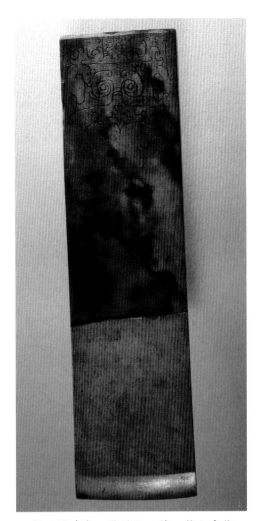

新石器時代　獸面紋玉鏟　龍山文化
（引自《中國玉器全集1》圖40）

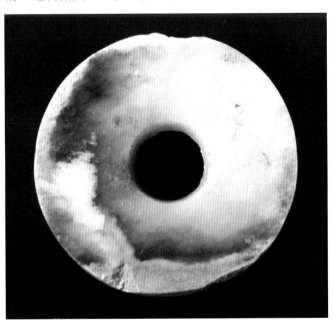

新石器時代　玉璧　齊家文化
（引自《中國出土玉器全集15》圖1）

(六)河姆渡文化玉器

河姆渡文化因第一次發現於浙江餘姚河姆渡而得名，距今7000～5300年，為迄今所見長江流域最早的玉器。出土的玉器多為小件佩飾，種類有璜、環、珠、管、墜等，數量不多。玉器製作不規整，工藝簡單，器物表面打磨不精，多光素無紋。玉材除玉髓以外，更多地使用螢石和葉蠟石，呈綠色、灰白色、黃色。

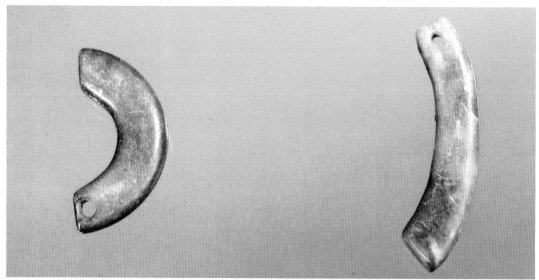

新石器時代　玉璜、玉玦　河姆渡文化（引自《中國玉器全集1》圖93、94）

(七)馬家濱文化玉器

馬家濱文化遺址主要分佈於太湖流域，北至江蘇常州，南到錢塘江北岸。馬家濱文化是太湖流域迄今最早的史前文化，距今7000～6000年。玉器種類有璜、璧、玦、鐲、環、墜、珠等小件飾品。其中玉璜是該文化的一大特色，形式多樣，有近似半璧形璜、長條形璜、橋形璜等，兩端均有穿孔，佩戴時兩端向上，作為佩飾之用。早期的材質一般只有石英、玉髓和水晶，到了晚期所用玉材為透閃石，呈白色、灰白色、黃色、褐色等。玉

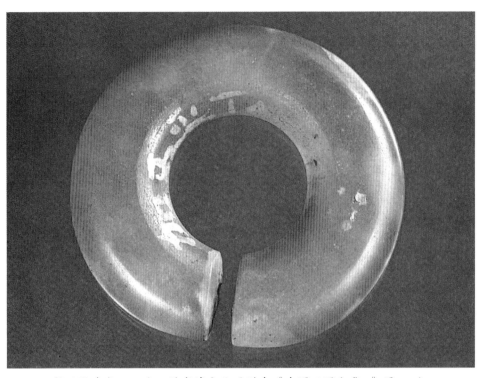

新石器時代　玉玦　馬家濱文化（引自《中國玉器全集 1》圖 100）

器的製作工藝簡潔，器物的孔及邊緣不規整，多光素無紋。

（八）崧澤文化玉器

崧澤文化因首次在上海市青浦縣崧澤村發現而命名，它上承馬家濱文化，下啟良渚文化，距今5900～5300年，主要分佈於長江下游的太湖流域。玉器種類分裝飾玉和葬玉兩種，主要有璜、玦、環、鐲、墜、珠、管和心形玲等。該文化共出土了3件玉玲，有心形、圓餅形和璧形，出土時發現於死者的口中，是迄今我國所見最早的玉玲。玉器材料為透閃石，呈白色、青色、灰青色等，還有少數螢石。琢玉工藝簡單，器形不規整，琢磨不精細，光素無紋，只有心形玉玲的工藝較好。玉器的鑽孔不規整，有兩面鑽和單面鑽兩種。

新石器時代　心形玉玲　崧澤文化
（引自《中國玉器全集 1》圖 106）

（九）良渚文化玉器

　　距今5300～4200年，主要分佈於太湖地區的浙江、上海、江蘇等地。良渚文化遺址於1936年發現於浙江省餘杭縣良渚鎮，1959年被命名。良渚文化玉器是馬家濱文化和崧澤文化玉器的發展和繼續，其玉器出土數量之多，品種之繁，雕琢技藝之精，與長江下游太湖流域新石器時期早期先民的勞動創作是密不可分的。

　　良渚文化玉器種類主要有琮、璧、璜、鉞、鐲、帶鉤、斧、珠、管、環、冠飾、蟬、鳥、魚、蛙、鱉、錐形器等。所用玉材以透閃石、陽起石為主，顏色多呈白、青白、墨綠、淺綠、淺黃，這類玉礦已在江蘇溧陽小梅嶺發現。還有蛇紋石和瑪瑙等其他材質。

　　在眾多的出土玉器中，最為精美的當屬玉琮，不光形體最大，而且也是出土較多品種之一。玉琮的形制為內圓外方，高矮不等，多則十幾節，少則一節，大小差別較大。

　　如1986年浙江餘杭縣長命鄉雉山村反山墓地12號墓出土的1件玉琮，琮體四面共雕琢八組神人與獸面複合圖，這種變化多端的獸面紋是良渚玉器所特有的，考古發掘者認為它應該是良渚人所崇拜的神徽。

　　玉琮重6.5公斤，高8.8公分，射徑17.1～17.6公分，孔徑4.9公分，紋飾獨特，為良渚文化玉琮之首，堪稱「玉琮王」。該玉琮外呈方形，上下兩端呈圓璧形，中部有一上下貫通的圓孔。雕琢技術高超，運用了剔地淺浮雕和陰線刻等技法。

　　玉鉞也是良渚文化中重要的品種之一，與玉琮王同時出土的神人獸面紋玉鉞，通長17.9公分，上寬14.4公分，刃寬16.8公分，厚0.8公分。玉呈淺青色，局部有褐斑。器形呈「風」字形，在刃部兩面的上角均有一淺浮雕加陰線刻雕成的神人獸面紋，下角均雕有

新石器時代　玉琮　良渚文化（引自《中國玉器全集1》圖138）

良渚文化　神人獸面紋玉鉞　良渚文化（引自《中國出土玉器全集8》圖86）

鳥紋，這些紋飾酷似玉琮王上的神人和神鳥。

　　根據發掘報告，與此鉞同時出土的還有玉鉞的冠飾和端飾，中間的木柄雖已腐朽，但仍留有朱砂痕跡，測量其通長約80公分。鉞是由斧鏟演變而來的，而良渚文化中玉鉞應是軍事首領（酋長）的象徵物，是標誌身份的重要禮儀儀仗器。一般玉鉞都光素無紋，所以此神人獸面紋玉鉞非常罕見，應為玉鉞中的珍品。

　　良渚玉器中的玉璧數量最大，均光素無紋，形體大而厚實，中心的孔較小，多由兩面對鑽而成，最大的玉璧直徑達40公分。製作精緻的玉璧，表面碾磨光潔，輪廓線挺拔，表面很少見有切割痕跡。而雕琢粗糙的玉璧則厚薄不均，邊緣磨損，表面留有切割痕。

　　從良渚文化出土的大量玉琮、玉璧等器物來看，玉器不僅具有祭祀天地的禮儀功能，還具有殮葬用途，同時還具有避邪作用，是權力、財富、地位的象徵。

　　（十）薛家崗文化玉器

　　薛家崗遺址位於安徽省潛山縣王河鎮永崗村與利華村交界處，距今3500～2600年。1979—2000年經過6次科學考古發掘，揭露面積2000多平方公尺，第四、五層為新石器時代文化層。出土玉器的數量較少，只有150餘件，80%出自墓葬。玉器多為裝飾品，主要有琮、鉞、環、璜、鐲、管、墜、半球形飾件等。玉質有透閃石，多呈白色和灰白色，

新石器時代　玉琮　薛家崗文化（引自《安徽館藏珍寶》圖171）

還有蛇紋石、瑪瑙、石英等。

　　1979年10月M47出土了兩件形體較小的玉琮，一件高2.2公分、寬1.7公分、孔徑0.9公分，另一件高2.1公分、寬1.8公分。兩件玉琮從形制、玉質上看基本相同，閃石玉，呈白色。體作內圓外方柱形，上大下小，中心一對穿圓孔，孔緣不規整，上下射口厚薄不均。器物四面的中央由寬豎凹槽分割成左右兩部分，每個部分又由橫凹槽將器物分為兩節。一件在轉角的兩側上部有幾道短橫陰刻線，在兩節之間的四角斜磨成三角形，從整體來看似簡易獸面紋。

　　資料顯示，發掘者初步研究將該玉琮定為薛家崗文化第三期。長期以來學術界一直認為它是玉琮中時代最早的實例，早於良渚文化的玉琮。但是，它在該區域內並沒有得以發展，對周邊新石器時代的玉器也沒有產生影響，另人費解。經過多年的整理和研究，2004年底《潛山薛家崗》考古報告一書出版，為我們重新認識該玉琮提供了可靠依據。

　　根據報告中所述，兩件玉琮均出土於M47，出土時上下疊壓在一起，現被劃分為薛家崗文化第五期，此期為該文化發展的鼎盛時期。以第四、第五期為薛家崗文化的中期，它的絕對年代為公元前3300─公元前2800。報告中指出，薛家崗第五期文化的少量器物與良渚文化較為接近，如雙鼻壺、高柄盤形豆類似良渚文化中晚期的同類器。

　　由此可知兩件玉琮的時代不可能早於良渚文化玉琮，那麼，薛家崗文化受到多元文化的影響是毫無疑問的。因此，薛家崗文化的玉琮既有良渚文化的風格，又具有自身文化的

特點，應是兩個區域文化互相滲透、互相碰撞、互相融合的產物。

（十一）凌家灘玉器

　　凌家灘遺址距今5500～5300年，位於安徽省含山縣銅閘鎮的西南部凌家灘村。自1987年至2007年經過五次發掘，出土了上千件玉器，不但精美而且品位極高。玉質有透閃石、蛇紋石、瑪瑙、水晶、石英、玉髓、煤精等，大多器物呈白色或白中閃青，玉材原料經發掘者調查來源於肥東縣橋頭集一帶。出土玉器主要以實用器、裝飾器、兵器為主，種類繁多，造型新穎，工藝精湛，器形規整。器形有人、龍、鷹、龜、豬、兔、版、鐲、管、珠、墜、勺、璜、璧、環、鉞、斧、冠形飾、菌形飾、喇叭形飾等。

　　1987年出土了兩件在科學文化史上有特殊意義的玉版、玉龜。玉版為透閃石，呈牙黃色。扁平長方形，正面微鼓，反面略內凹。一長邊對鑽9個圓孔，另一長邊的兩端對鑽4個圓孔，兩短邊各對鑽5個圓孔。在版的中部陰刻兩個大小不等相套的圓圈，小圓圈內雕刻一方心八角星圖案。兩圓之間雕刻放射形直線，平分8等份，每等份似一圭形紋。在大圓圈外沿雕刻4個圭形紋對著長方形玉版的四角。玉龜由背甲和腹甲兩部分組成，透閃石，呈灰白色。背甲呈圓弧形，雕刻有背脊紋和龜紋，兩邊各鑽2個孔，兩圓孔之間雕有凹槽，背甲尾部對鑽4個孔。腹甲低平兩邊向上斜，與背甲鑽孔相對應處各鑽2個孔，腹甲尾部對鑽1個孔。背甲和腹甲兩部分相對應的孔可用作拴繩固定。

　　玉龜與玉版出土時疊壓在一起，反映兩者有著密切的聯繫，應為占卜工具。古代有「天圓地方」之說，玉版中圓形圖案可能象徵著天，而方形圖案象徵著地。圓中心的八方

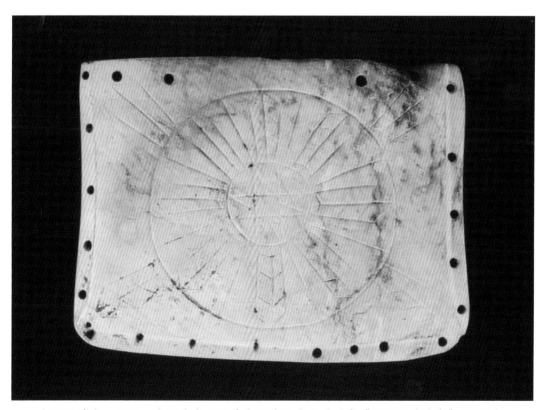

新石器時代　玉版　安徽省含山縣凌家灘遺址出土（引自《安徽館藏珍寶》圖162）

圖形與中心象徵太陽的圖形相配，符合我國古代的原始八卦理論。據專家推測，玉龜和玉版有可能就是遠古的河圖洛書及八卦，蘊涵了原始八卦、原始天文學等資訊。因此，這兩件器物具有很高的研究價值，是凌家灘出土玉器中最珍貴的文物之一。

2007年第五次發掘，M23又再次出土玉龜形器，不同的是龜的背甲與腹甲相連，合二為一，玉龜腹部中空，插有占卜用的玉籤，在玉龜旁邊的另兩件組合器內也發現了玉籤，這些玉籤是凌家灘五次發掘以來首次發現，應屬於占卜工具，它的出現再次說明了凌家灘人在5000年前就開始運用原始八卦、占卜學。商代盛行的龜卜已經得到了考古證明，而凌家灘與之相差近2000年，說明巢湖流域是中華文明的重要發源地之一。

1987年和1998年分別出土立式玉人和坐式玉人各3件，6件玉人大致相同，呈灰白色，透閃石，扁平狀。玉人方臉，陰刻長斜眼，粗眉，蒜頭鼻，大耳下部各有一穿孔，嘴微張，厚唇。頭戴扁圓形冠，冠上飾方格紋。兩臂彎曲，十指張開置於胸前，腕部各飾6～8道弦紋，象徵首飾。腰部飾寬3毫米，內飾3～8條斜紋，應為表示有斜紋的腰帶。腿分開，兩腳相連，不同的是立式玉人腿長，而坐式玉人是短腿。背面無紋飾，只是在中部鑽一對象鼻孔，可供穿繫佩帶之用。

新石器時代考古發現的玉人除此6件以外，紅山文化牛河梁遺址第十六地點4號墓也出土了1件裸體玉人，造型和凌家灘玉人基本相同，目前僅發現這7件完整玉人，其他出土的均為人頭像。凌家灘玉人告訴人們，在距今5000年以前，我們的祖先已經穿有緊身衣和長褲，頭部戴有用絲編織的冠帽，腰間繫有腰帶，耳部的孔眼和手臂上的弦紋揭示著先人已戴有耳環和手鐲。並非我們想像的那樣——原始社會的人赤身裸體或以樹葉和獸皮遮體。因此，這6件玉人是目前國內發現時代最早的完整玉人形象之一，它們的出土對研究江淮流域人類體態、形體特徵和服飾提供了真實可靠的實物資料。

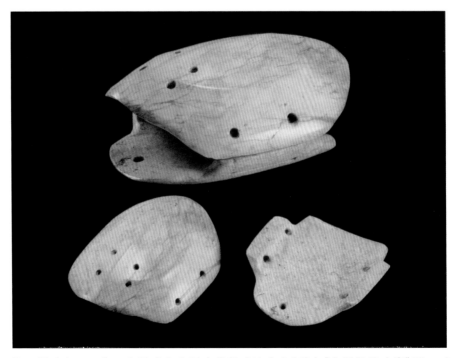

新石器時代　玉龜　安徽省含山縣凌家灘遺址出土(引自《安徽館藏珍寶》圖162)

玉鷹出土於29號墓,為凌家灘遺址第二號大墓。透閃石,玉呈灰白色,體扁平。鷹
作展翅飛翔狀,昂首,側視,嘴下勾,鑽孔眼。鷹的兩翅末端各雕一豬首,陰刻長形眼
眶,中間一對鑽孔表示眼珠,張嘴,鼻部也有一對鑽孔。鷹的腹部用粗陰線勾勒一直徑

新石器時代　玉龜形器　安徽省含山縣凌家灘遺址出土
（引自《收藏家》2008年第10期《玉器文明》圖7）

新石器時代　立式玉人　安徽省含山縣凌家
灘遺址出土（引自《安徽館藏珍寶》圖164）

新石器時代　坐式玉人　安徽省含山縣凌家
灘遺址出土（引自《安徽館藏珍寶》圖164）

1.8公分的圓圈，內刻八角星圖案，八角星內陰刻一直徑0.8公分的圓圈，圓內偏上對鑽一孔。這種八角形星紋在大汶口文化、崧澤文化中廣泛流行，它可能象徵著太陽光芒四射。鷹的尾部呈扇形，有多道陰刻線，兩面紋飾相同。鷹性兇猛，是威猛和力量的化身，而豬代表著財富，鷹腹部中心的八角星象徵著太陽。凌家灘人在美玉上將這三者巧妙完美地結合在一起，這已不是簡單意義上的動物形玉佩飾，而是一件具有禮儀性質的神玉，透過它祈求太陽賜予光芒，鷹給予力量，豬帶來財富。

　　1987年4號墓出土的玉勺，蛇紋石，出土時斷為數段。玉勺為長柄勺，勺形窄而長，勺池似舌形，勺柄細長，剖面為半圓凹形，柄端呈弧形，有一對鑽圓孔，可用於繫掛。此玉勺工藝精湛，邊沿打磨光滑，勺柄曲線流暢，比例尺度恰如其分，形式與今天的湯勺近

新石器時代　玉鷹　安徽省含山縣凌家灘遺址出土（引自《安徽館藏珍寶》圖163）

新石器時代　玉勺　安徽省含山縣凌家灘遺址出土（引自《凌家灘玉器》圖177）

似，其造型和製作工藝之精美令人驚歎，可以與現代之作相媲美，令人稱絕。

　　該玉勺是迄今發現最早的玉製實用器皿，此玉勺的出土告知我們巢湖流域的先民在距今5000年以前就用玉勺作餐具了。如此精美的玉勺絕非一般人所能享有，它和玉版、玉龜同出於一個墓葬，還同時出土玉鉞、璧等大量高規格的玉器，說明該墓的規格非常高，其主人有著較高的身份、地位，可能屬於祭司或神職人員。

（十二）石家河文化玉器

　　石家河文化首次發現於湖北天門石家河古城內羅家柏嶺遺址，因湖北天門石家河遺址群而得名，地處長江中游，主要分佈於湖北及豫西南和湘北一帶，距今4700～4400年。玉器種類有禮儀器、生產工具、裝飾器等，主要有璧、琮、鉞、牙璋、璜、環、祖、斧、錛、刀、管、珠、墜、錐形飾、笄、鐲、虎面飾、人首飾、蟬、龍、鳳、鳥等。玉器材質使用範圍較廣，有青玉、黃玉和碧玉，還有南陽玉、瑪瑙、水晶、綠松石、螢石、滑石等。製作工藝有圓雕和片雕，雕琢技法主要有鏤雕、淺浮雕、陰線刻等技術。

　　玉人飾件是石家河文化中典型器物之一，有圓雕和片雕。玉人頭戴冠，大鼻突出，口出獠牙，耳垂有鑽孔，背面光素。器的中部有貫穿孔，可固定於某物件上。玉虎面飾也是石家河文化中典型器物之一，一般刀法簡練，只琢出輪廓，圓眼，大鼻，葉形耳中部有圓孔，背面光素。另外，環形玉鳳也非常有特點，鳳首與尾相接，身曲作環形，圓眼，勾

新石器時代　玉人頭像飾件　石家河文化（引自《中國出土玉器全集10》圖29）

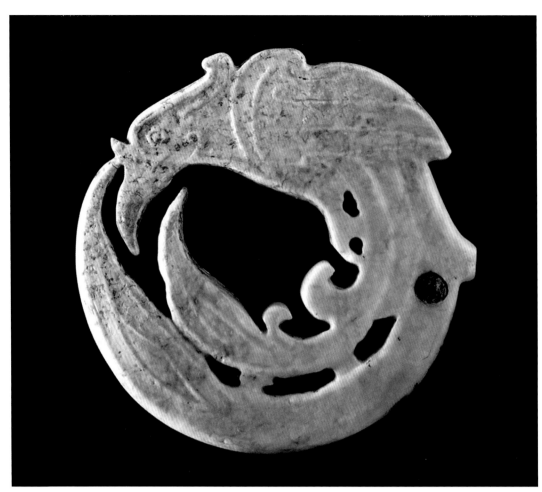

新石器時代　玉環形鳳　石家河文化（引自《中國出土玉器全集10》圖31）

嘴，長冠外捲，與尾相對應處有一穿孔，以鏤雕和淺浮雕相結合的技法雕琢而成。

　　新石器時代，尤其是新石器時代晚期，是中國玉器發展的第一個高峰期。古人已將玉器和石器徹底地分開，分別利用，並且熟練地掌握了製作玉器的技術，為後世玉器的發展奠定了基礎。

二、商代玉器

　　商代（前16—前11世紀）是我國奴隸制社會時期，具有500多年的歷史，社會穩定，政治、經濟、文化有了較大的發展，標誌性文明是成熟的甲骨文字和青銅冶煉技術的進步，青銅器的出現和應用，為玉器業提供了新的工具和技術。因此，商代不僅以莊重的青銅器聞名，也以眾多的玉器而著稱，是中國玉器發展的第二個高峰期。

　　商代玉器總體風格以扁平片狀、半浮雕者多，圓雕者少。玉器種類繁多，禮器有璧、環、瑗、璜、圭、琮、簋、盤等，儀仗器有刀、戈、矛、戚、鉞等，生產工具有斧、鑿、鋸、刀、鏟、鐮、紡輪等，裝飾玉有笄、釧、串珠、管、墜飾及各式人物和動物形象玉器，日用器有臼、杵、調色盤、梳、挖耳勺、匕等。玉器紋飾和造型豐富多彩，在一些片狀器物的邊緣帶有「凹」形凸齒裝飾。這種裝飾手法是商代玉器僅有的特點，此後這種紋

飾很少見。人獸件的眼睛最常見
的為「臣」字形。器物上常裝飾
饕餮紋、雲雷紋、重環紋、龍
紋、幾何紋等。商代後期在玉雕
上大量採用雙鈎陰線紋，在並列
的兩條陰線之間似有陽線，非常
獨特。且直線多於彎線，粗線多
於細線，陰線多於陽線。

　　商代玉器開創「俏色工藝」
之先河，巧用玉料的天然色差，
表現動植物的形體特徵。如
1975年安陽小屯村北遺址出土
的玉鱉，是我國已知的歷史上最
早的俏色玉雕。鑽孔分單面鑽和
兩面鑽，兩面對鑽孔大小基本上
沒有差異，孔內不留臺階痕及螺
旋痕。玉材的使用更加廣泛，有
南陽玉、和田玉、岫岩玉、孔雀
石、綠松石等。

　　商代早期玉器發掘出土的不
多，主要以河南偃師二里頭三、
四期文化遺址和墓葬的出土玉器

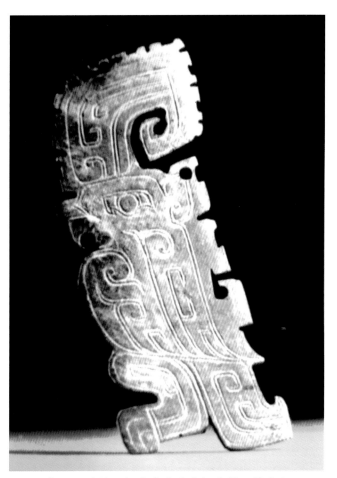

商　玉鸚鵡　河南省安陽市殷墟婦好墓出土
（引自《中國美術全集・玉器》圖69）

商　玉簋　河南省安陽市殷墟婦好墓出土（引自《中國玉器全集2》圖30）

為代表，品種不多，器形較為簡單，少見圓雕器物。主要有圭、琮、璜、刀、戈、璋、鉞、鏟和獸面紋柄形器等。1975年河南偃師二里頭村出土的一件琢有陰線幾何紋的七孔玉刀，近似於史前文化的多孔石刀，雖然在新石器時代多孔石刀屢有發現，但玉質的七孔刀為初見。顯然已經不是實用器，應為儀仗用器。

　　商代中期的遺存以鄭州二里岡遺址為代表。同期的河南省鄭州銘功路、白家莊和人民公園，湖北省黃陂盤龍城，河北省槁城台西，北京平谷劉家河等商代遺址和墓葬中出土了

商　玉虎　河南省安陽市殷墟婦好墓出土（引自《中國玉器全集2》圖64）

商　跪式玉人　河南省安陽市殷墟婦好墓出土
（引自《中國美術全集·玉器》圖64）

璋、戈、璜、柄形器和小件裝飾品。1974年湖北省黃陂盤龍城李家嘴三號墓出土了一件長達93公分的玉戈,是目前所知最大的一件,可見當時開料技術已經達到相當高的水準。

商代晚期是文化的興盛期,就玉器而言,其品種之多、紋飾之美、技法之精使人耳目一新。這一時期的玉器主要以河南殷墟遺址出土的為代表。1976年殷墟婦好墓共發掘出土玉器755件,按用途可分為禮器、儀仗器、工具、生活用具、裝飾玉和雜器等六大類。最令人嘆服的是出土了大量的圓雕作品,如仿青銅彝器的青玉簋等實用器皿,這件玉簋是我國迄今所見年代最早、體積最大的玉製容器。另外,圓雕玉蟠龍、圓雕玉虎、圓雕跪式玉人等都是首次發現,無論是造型還是雕琢工藝都是一流的,令人讚歎不已。動物形、人物形玉器大大地超過幾何形玉器,龍、鳳、鸚鵡等神態各異。玉人或站或跪或坐,姿態多樣,究竟是主人還是奴僕、俘虜,難以分辨。殷墟婦好墓出土玉器品種之多、工藝之精,令人讚歎,其中有一定數量的玉器是用新疆和田玉雕製而成的。

三、西周玉器

西周(前11世紀—前771)玉器無論是數量還是雕琢工藝都超過了商代,但在形制和種類方面卻沒有大的突破,與商代玉器可以說是一脈相承。早期玉器與商代晚期的相似,此後逐漸形成自己的風格。西周玉器與商代玉器相比較更加簡潔誇張,彎線條增多,片雕件多於圓雕件。雕琢工藝方面在繼承殷商玉器「雙鉤陰線紋」技藝的同時,獨創「一面坡」粗線或細陰線鏤刻的琢玉技藝,這種技法在鳥形玉刀和獸面紋玉飾上大放異彩。西周時期人物及動物「臣」字形眼的眼角或眼梢伸出長線捲勾。玉器的用料豐富多彩,有和田玉、岫岩玉、瑪瑙、綠松石、水晶、煤精、天河石、滑石等。

據考古資料顯示,西周玉器出土範圍較廣,遠遠超過了商代。重要的玉器出土地有陝西寶雞

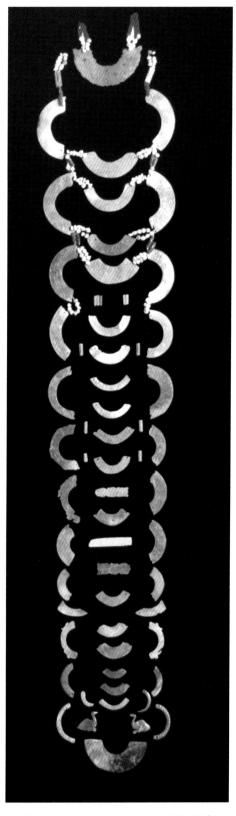

西周　玉組佩　山西省曲沃縣晉侯墓地63號墓出土(引自《中國出土玉器全集3》圖109)

茹家莊強國墓地、陝西扶風強家西周墓地、陝西長安灃鎬遺址、陝西長安張家坡西周墓、河南浚縣辛村衛國墓地、河南平頂山應縣墓地、河南三門峽上村嶺虢國墓地、山西曲沃北趙晉侯墓地、山西曲沃羊舌晉侯墓、北京房山琉璃河燕國墓地等。其中陝西寶雞茹家莊強國墓地出土的象生形玉器龍、虎、兔、鹿、牛、羊、龜等是西周玉器的典型器，數量較大，多為片雕，也有少量的圓雕作品，刀法簡潔，形象生動，琢磨精緻。

尤其是玉鹿的鹿角形態誇張，像分杈的小樹，軀體肥壯，或昂首前視，或回首顧盼，

西周　龍紋玉璜（引自上海博物館《中國古代玉器館》簡介）

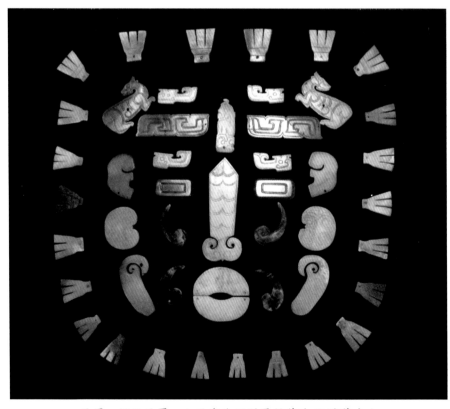

西周　綴玉面罩　山西省曲沃縣晉侯墓地62號墓出土
（引自《中國出土玉器全集3》圖107）

安詳而溫順，形態逼真，栩栩如生。

西周玉器除保留商代傳統玉器品種外，亦出現了一些創新型的玉器，主要有玉組佩和專為死者陪葬用的綴玉面罩（俗稱「玉覆面」）。山西曲沃晉侯墓地63號墓出土的大型玉組佩由玉璜、玉珩、玉沖牙、玉管、玉雁、瑪瑙管、綠松石珠共204件串聯而成，復原後長約158公分。莊重而典雅，工藝精湛，令人歎為觀止。這種大型的繁複組佩，是貴族身份、地位及權力的象徵。從西周墓葬中所出土的玉組佩情況看，墓主人的身份地位越高，所佩的組佩結構越複雜，其長度也越長，這種佩玉方法是西周用玉開始禮制化的表現。綴玉面罩，是將若干件各式片狀玉器按人的面部形態縫綴在布料上，有的玉器是專門製作的，有的為改製玉器，數量不等，邊角有穿孔供縫綴用。

河南三門峽上村嶺虢國墓地2001號墓以及山西曲沃晉侯墓地62號墓均出土了綴玉面罩，由各式雕琢成眉、目、耳、鼻、口等形狀的玉片組成，排列有序，是歷史上首次發現完整人面形象的葬玉，專供死者陪葬用，它是漢代玉衣的祖型。

總之，西周玉器沒有商代玉器活潑多樣，其刀工也沒有商代的有力，過於規矩，顯得有點呆板，這可能與西周嚴格的宗法和禮俗制度有著很大的關係。

四、春秋戰國玉器

公元前770年周平王遷都洛邑建立東周（前770—前221），史學界將東周分為兩個階段：前段為春秋，後段為戰國。春秋戰國之際，中國處於社會大變革大動盪時期，封建制逐漸確立。

（一）春秋時期玉器

春秋時期是我國奴隸社會向封建社會轉變期，東遷後的周王室權力大大削弱，王權衰微，禮樂崩壞，戰爭連年，諸侯稱霸。各諸侯國為了爭霸不斷地進行改革，促進了經濟文

春秋　玉虎　河南省光山縣寶相寺黃君孟夫婦墓出土（引自《中國出土玉器全集5》圖188）

化和手工業的發展，因此玉器製造業也得到了蓬勃發展。春秋玉器一方面是西周玉器的延續，另一方面一改西周時期的簡潔風格，紋飾佈局繁密，幾乎不留空白，多為退化的獸面紋、龍紋或隱起的勾雲紋、幾何紋等。善於應用隱去處理，增加了器物的立體感。玉器選料更加廣泛，有和田玉、藍田玉、南陽玉、密玉、酒泉玉等，另有瑪瑙、綠松石、水晶、煤精、滑石等。

由考古資料可知，重要的發現有山西曲沃縣春秋早期的晉侯墓、山西太原金勝村251號春秋大墓、河南光山縣寶相寺黃君孟夫婦墓、河南淅川縣下寺春秋中晚期楚墓群、江蘇省吳縣春秋晚期吳國玉器窖藏等。

早期春秋墓葬以河南省光山縣寶相寺黃君孟夫婦墓為代表，如出土的玉虎為抽象的虎形，扁平體，低首拱背，曲肢捲尾。虎身通體用雙陰線滿飾變形的龍紋，在腹部、腮部、雙肢飾有幾何紋，上下交錯，左右呼應。這種裝飾手法在春秋早期玉器中極為流行，可謂春秋早期玉器的一大特色。春秋中期以後，這種繁密的陰刻裝飾線紋逐漸變得稀疏，並多以較寬的斜刀進行雕琢。到了春秋晚期，線刻工藝逐漸減少，代之而興起的是去地隱起的淺浮雕技法。如河南省淅川縣下寺一號楚墓出土的獸面紋玉牌，雞骨白色，扁平呈倒梯形，單面隱起淺浮雕獸面紋，其外用同樣的雕琢技法雕刻若干組對稱變形的蟠虺紋及繩索紋和勾雲紋，背面無紋，牌的上下各有一小孔。

春秋　獸面紋玉牌　河南省淅川縣下寺一號楚墓出土（引自《中國美術全集・玉器》圖108）

此器不但工藝精細，而且採用了淺浮雕的雕琢技法，使圖案抽象而繁密，由高低起伏而有序的佈局，更富有立體效果，增加了神秘的色彩。

（二）戰國時期玉器

　　戰國時期是中國封建社會形成階段，由於士大夫佩玉成風，各諸侯國競相碾玉。隨著社會生產力的發展，鐵工具的廣泛使用，大大地推動了製玉業的發展，使得琢玉技術得到了飛躍性的發展，鏤空技術廣泛應用，其技藝更加精湛，手法更加高超，出現了琢玉史上的第三個高峰。

　　經科學考古發掘的戰國時期墓葬主要有：湖北隨縣曾侯乙墓、河北平山縣中山國王墓、河南淮陽縣平涼台楚國貴族墓、河南輝縣固圍村魏國墓、山東曲阜魯國故城墓、安徽長豐縣楊公鄉戰國墓等。

　　1978年湖北隨縣曾侯乙墓出土的玉器是戰國早期玉器的重要代表之一，共出土300多件，其中多節龍鳳紋玉佩令世人矚目，是戰國早期玉器中不可多得的藝術珍品。該玉佩通長48.5公分，最寬8.5公分，玉呈青色，由5塊玉料分別琢製而成，共26節，均由多個活環套接而成。其中有4個金屬活環榫插連接，其餘各節為整塊玉鏤雕而成，可拆可合。玉佩以鏤雕、淺浮雕和陰線雕刻而成，主體紋飾為龍鳳紋，並以弦紋、臥蠶紋、雲紋、繩索紋等作為輔助紋飾。從繁複的紋飾來看，還帶有明顯的春秋時期玉器裝飾風格。

　　此玉佩質地晶瑩溫潤，造型新穎別致，構思巧妙奇特，裝飾玲瓏剔透，是一件前所未有的稀世珍寶，充分體現了戰國早期高超的制玉水平。至於此器的佩帶方式，有兩種說法：一種認為是身上的佩飾，另一種認為是冠上的墜飾。

　　1978年河北平山縣中山國國王墓及陪葬墓出土的文物十分豐富，達19000餘件，玉器近3000件，在中國玉器考古史上實屬罕見，出土的大量珍品和孤品，令世人震驚。器形主要有璧、環、璜、瑗、玦、帶鉤、人形件、各種佩飾等。其中陪葬墓出土的片雕人物件男女形象均有，最高的4公分，最矮的2.5公分，尺寸較小，身著花格紋長袍，頭頂結角形髻，為我們瞭解當時中山國風俗以及服飾等提供了寶貴的實物資料。

戰國　多節龍鳳紋玉佩　湖北省隨縣曾侯乙墓出土（引自《中國玉器全集3》圖176）

玉器雕琢技法以鏤雕、浮雕、陰線刻為主，圓雕器物較少，器物造型和圖案新穎，顯現出中山國玉器的獨特風格。用料豐富，有和田玉、獨山玉、岫岩玉、瑪瑙、水晶及各類彩石。最具特點的是不少玉器上寫有墨書，文字長者有20餘字，少者僅有2個字，為人名、器物名，如「文君」「集玉」「它玉珩」「它玉環」等。

1951年河南輝縣固圍村魏國墓出土的大玉璜長20.5公分，寬4.8公分，由7件和田玉和2個鎏金饕餮頭組成，中間以銅片連接。玉質細膩溫潤。運用了鏤雕技藝，兩端獸首銜透雕橢圓形玉，玉片上琢神獸、蟠螭、雲紋等。該大玉璜應是魏國王室貴族生前使用的佩飾，其雕工之精美、器形之大實屬罕見，因此被譽為「玉器冠冕」，代表了戰國時期製玉的最高水準。

此外，1979年安徽長豐縣楊公鄉戰國晚期墓出土的2件龍鳳紋玉佩，形制相近，出土時2件玉佩放置於墓主人的盆骨兩側，1件玉璧置於墓主的胸部，另有2件玉璧分別置於墓主的雙膝處，共5件，構成一組佩，十分華麗。龍鳳紋玉佩為和田青玉質，局部有黃褐色沁。體扁平，鏤雕，以龍紋為主體紋飾，鳳紋為附紋。龍的軀幹蜿蜒曲折，呈「S」形，作飛騰狀。龍作昂首挺胸回顧狀，龍角上翹，張口，上唇捲翹，下唇內捲，橢圓形眼帶梢。龍身滿飾穀紋，穀紋飽滿凸起，排列有序。龍體的邊緣琢斜邊，尖窄似刀，鋒利。鳳身與龍尾相接，鳳首下瞰，尾翹起，背部有一穿孔，兩面紋飾相同。該龍鳳紋佩無論是回首龍還是低首鳳，也無論龍身如何彎曲變幻，都給人一種賞心悅目的美感，雕琢工藝精湛，堪稱戰國時期楚國龍形佩之精品。

綜上所述，戰國玉器較春秋玉器品種更加豐富，出現了許多新品種，如印、劍飾、燈、「S」形龍佩、出廓璧等。造型更加規整，無論是紋飾線條還是器物造型與輪廓，均剛勁俐落，無一拖泥帶水，鏤空雕運用廣泛。玉器的邊緣有凸起的邊線，且規矩見鋒，用手觸摸有扎手的感覺。裝飾圖案華麗繁縟，整齊密集，排列有序。在一件玉器上往往佈滿了各式花紋，不留餘地，但繁而不亂。盛行穀紋、臥蠶紋、蒲紋、龍紋、蟠螭紋等，大量

戰國　玉人　河北省平山縣中山國國王陪葬墓出土（引自《中國美術全集‧玉器》圖119）

戰國　龍鳳紋玉佩　安徽省長豐縣楊公鄉戰國墓出土（引自《安徽館藏珍寶》圖 182）

地運用雲雷紋、繩束紋、柿蒂紋、「山」字紋及龍紋。出現細陰刻線紋，若隱若現，被稱為「遊絲毛雕」，為戰國時期玉器斷代的重要依據之一。器物表面琢磨精細，且拋光極好。此時期選材嚴格，從出土和傳世的玉器看，大量使用和田玉，常見的有白玉、青玉和白中閃黃的玉等，堅硬溫潤而細膩。

五、秦漢玉器

(一)秦代玉器

　　公元前 221 年秦王政統一中國，建立秦王朝（前 221—前 206），秦王朝是中國歷史上第一個封建王朝。秦代有宏偉的秦始皇陵，還有號稱世界第八大奇蹟的兵馬俑等，令世人注目，但是考古出土玉器卻寥寥無幾。秦代立國時間很短，僅有 15 年，玉器並沒有形成自己的風格，主要是搜刮其他六國的玉器歸其所有。而秦人自己的玉器多以陰線刻為主，一般是幾何紋、斜方格紋等。

　　考古發掘資料顯示，秦代玉器主

秦　玉高足杯　陝西省西安市西郊張村秦阿房宮遺址出土（引自《中國文物精華》圖 64）

秦　玉人　陝西省西安市北郊聯志村秦代
窖藏出土（引自《中國玉器全集4》圖9）

秦　玉人　陝西省西安市北郊聯志村秦代
窖藏出土（引自《中國玉器全集4》圖8）

要出自於陝西咸陽城址、阿房宮遺址以及其他地區的秦墓。1971年西安市北郊聯志村秦
代窖藏出土了85件玉器，均為碧玉。有玉人、圭、璋、璧、璜、玉虎等，均為片狀，紋
飾簡樸，多為粗糙的陰線刻花紋。其中玉人有男有女，男性刻有鬍鬚，髮髻與秦始皇陵兵
馬俑坑出土的陶俑一樣。1976年西安市西郊張村秦阿房宮遺址出土一件玉高足杯，造型
典雅，杯身淺浮雕穀紋、雲紋、「S」形紋等，紋飾繁縟華麗，是杯中精品。總之，秦代
玉器的藝術風格還有待於考古的新發現來認識。

（二）漢代玉器

　　漢代（前206—公元220）玉器在戰國玉器的基礎上進一步發展，逐漸擺脫了傳統的
束縛，開始形成自己雄渾豪放的風格，高浮雕和圓雕作品大量出現，鏤空技術更加普遍應

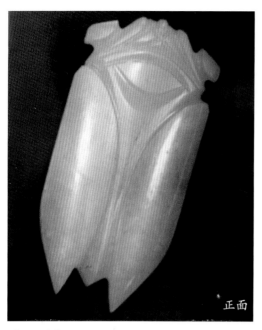

正面

背面

漢　玉蟬

用，成為中國玉器發展的第四個高峰期。

　　漢代盛行厚葬之風，大量使用葬玉，有玉衣、九竅玉、含玉、握玉等。新出現了翁仲、剛卯、辟邪、韘（ㄕㄜˋ，古代射箭時戴在右手拇指上以鉤弦的用具）形佩等品種。玉璧上的穀紋，粒小而圓，排列稀疏。玉器採用「遊絲毛雕」雕琢技法，很多器物上的陰刻細線線條細若遊絲，彎曲有度，構圖準確，若斷若續，也稱之為「跳刀」。常見在玉獸的身軀刻有陰線小圓圈，在一些玉獸、玉鳥的四肢或羽端處加飾一種陰線刻短平行線。再就是出現了著名的「漢八刀」，線條粗而挺拔，刀刀見鋒，用寥寥數刀勾出蟬、甕仲、豬的

西漢　白玉仙人奔馬　陝西省咸陽市漢昭帝平陵遺址出土
（引自《中國美術全集・玉器》圖173）

輪廓，形態質樸，神韻盡顯。

漢武帝時期，張騫出使西域，開通了聞名世界的「絲綢之路」，使得新疆和田美玉沿著這條路源源不斷地進入中原，成為漢代玉器材質的主流。

兩漢時期玉器不僅傳世品種十分可觀，而且更重要的是近60年來考古發掘的漢代墓葬遍佈全國，出土了一批令人矚目的精品玉器。其中具有代表性的西漢墓葬有廣州象崗南越王趙眜（ㄇㄟˋ）墓，河北滿城漢墓，北京大葆台漢墓，江蘇徐州獅子山楚王墓，安徽巢湖放王崗漢墓、北山頭漢墓。東漢墓有河北定縣中山穆王劉暢墓、中山簡王劉焉墓，安徽亳州鳳凰台一號漢墓，揚州邗江甘泉老虎墩東漢墓等。

1966年陝西咸陽漢昭帝平陵遺址出土的白玉仙人奔馬以及渭陵附近出土的玉鷹、玉熊、玉避邪等，均屬西漢早期玉器中的珍寶，皆以和田玉製成，圓雕，玉質溫潤，器形獨特，雕琢精細。尤其是白玉仙人奔馬，是迄今為止所知的絕世佳品。由白如凝脂的和田羊脂白玉琢成，造型設計別出心裁，玉馬腳踏雲板，肢體健碩，昂首挺胸，雙目前視，張口嘶鳴，身飾羽翼，騰空飛奔。馬背上騎一仙人，頭繫方巾，身著短衣，手扶馬頸，神態自如地遨遊天空。此題材是漢代「羽化登仙」思想的寫照。

1968年發掘的河北滿城漢中山靖王劉勝墓及其妻竇綰的墓，各出金縷玉衣一套。劉勝墓中金縷玉衣全長1.88公尺，由各式玉片2498片用金絲約1100克編綴而成。竇綰墓中金縷玉衣全長1.72公尺，由各式玉片2160片、金絲約600克編綴而成。同時還出土了大量精美的玉器，有璧、環、圭、璜、帶鈎、九竅塞、舞人佩、韘形佩等。1983年發掘的廣州象崗南越王趙眜墓，出土的精美玉器多達240多件（套），其中造型奇特的角形玉杯和承盤高足杯都是玉器史上罕見的。再就是玉鏤空龍鳳紋套環，具有濃厚的戰國遺韻。另外，出土於西耳室的漆盒裏的43件玉劍飾，有首、格、璏、珌，雕工精湛，完好如新，表面塗有朱砂，實為西漢早期玉劍飾中的珍品。

1994年江蘇徐州獅子山楚王墓出土玉器數量極多，雕工精湛，用料考究，大多使用新疆和田白玉，玉質堅硬，溫潤如脂。玉器品種繁多，有組合完整的喪葬用玉、禮儀用

西漢　角形玉杯　廣東省廣州市象崗南越王趙眜墓出土（引自《中國美術全集·玉器》圖153）

西漢　龍形玉佩　江蘇省徐州市獅子山楚王墓出土（引自《中國出土玉器全集7》圖123）

玉、裝飾用玉、玉質兵器、生活用玉、玉質動物及惟妙惟肖的玉人等等。其中的龍形玉佩，青白玉質，呈「S」形，琢磨精緻規整，龍身飾穀紋，紋飾華麗，栩栩如生。

　　1996年、1997年安徽省巢湖市放王崗、北山頭兩座西漢墓共出土玉器56件（套），雖然數量不多，但無論是造型還是雕琢工藝均屬一流。有構圖新穎的龍鳳紋玉環，龍鳳躍然而起的瞬間姿態刻畫得活靈活現；鱗紋龍玉佩採用陰線雙鈎鱗紋的裝飾手法，較為少見；虎紋韘形玉佩構思巧妙，採用虎紋作為附飾，並且完全對稱，與以往出土的韘形佩的

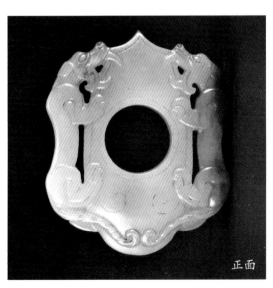

正面　　　　　　　　　　反面

西漢　虎紋韘形玉佩　安徽省巢湖市放王崗西漢墓出土（引自《安徽館藏珍寶》圖197）

正面　　　　　　　　　　　　　　　側面

西漢　高浮雕朱雀銜環玉卮　安徽省巢湖市北山頭西漢墓出土（引自《安徽館藏珍寶》圖191）

紋飾和造型有著明顯的區別。最為精彩的是高浮雕朱雀銜環玉卮，它在一定程度上具有戰國玉器的遺風，上下左右四方均有連續的紋飾，成組的圖案相互對稱，構圖主次分明，佈局錯落有致、繁複而不紊亂，設計新穎，集高浮雕、淺浮雕、平雕及鏤雕、陰線刻等多種技法於一體，堪稱古代玉雕之一絕，代表了西漢玉雕藝術的最高水準。

　　東漢玉器與西漢玉器相比雖然出土不多，但所出玉器也非常精美，並有所發展和變化。西漢時期的玉器富有動感、立體感強，東漢玉器則逐漸平面化，採用線刻與繪畫相結合的藝術手法。

　　如河北定縣東漢中山穆王劉暢墓出土的玉座屏，整器由鏤空的四塊玉片上下左右榫卯結合而成，左右兩側支架呈鏤雕連璧形，內飾龍紋。上層玉片中部鏤雕盤膝高坐的東王公，下層玉片正中鏤雕盤腿而坐的西王母，四周飾以熊、蛇、龜等，將神話人物與自然景物和動物巧妙地融為一體。中山簡王劉焉墓出土的青玉枕，由整塊玉雕琢而成，重達13.8公斤，枕面下凹，陰線飾勾連雲紋，線條流暢。這兩件器物不見於前代，實屬罕見。

　　又如1984年揚州邗江甘泉老虎墩東漢墓出土的玉飛熊水滴、「宜子孫」玉璧、龍紋玉環等，均係精品。辟邪形玉壺，和田青白玉質，造型為一跪坐式辟邪，右手托靈芝仙草，身體中空，頭頂開口，上置環紐銀蓋。該器物構思奇妙，集圓雕、浮雕、鏤雕、陰線刻技法於一體。「宜子孫」玉璧及龍紋玉環運用了細如毫髮的遊絲刻，線條流暢，剛勁有力，均為東漢時期玉器的傑作。

　　1972年安徽亳州鳳凰台一號漢墓出土玉剛卯、玉嚴卯、玉司南佩、玉豬等。玉剛卯、玉嚴卯用和田白玉製成，質地潔白滋潤。剛卯文：「正月剛卯既，央靈殳四方；赤青白黃，四色是當；帝命祝融，以教夔龍；疕蠖剛癉，莫我敢當。」共計34字。嚴卯文：「疾日嚴卯，帝命夔化；填璽固狀，化茲靈殳；既正既直，既觚既方；赤疫剛癉，莫我敢當。」計32字。該器選料考究，雕琢精細，文字筆劃起落有致，當屬剛卯、嚴卯中的精

東漢　玉座屏　河北省定縣中山穆王劉暢墓出土（引自《中國玉器全集4》圖254）

東漢　辟邪形玉壺　江蘇省揚州市邗江甘泉老虎墩東漢墓出土
（引自《中國出土玉器全集7》圖163）

東漢　玉司南佩　安徽省亳州市鳳凰台一號漢墓出土（引自《安徽館藏珍寶》圖208）

品。兩件玉豬係和田青白玉質，造型簡單，但製作工藝卻很精湛，琢磨光滑，雕琢技法為
典型的「漢八刀」，簡潔明快，形象逼真，反映了漢代渾厚豪放的藝術風格。

六、魏晉南北朝玉器

　　魏晉南北朝是一個戰亂不斷、社會動盪、南北分裂、朝代更換頻繁的時期，也是承前
啟後、繼漢開唐的重要轉化時期。由於佛教盛行，佛教雕塑藝術達到了頂峰，而玉器製作
業卻受到了抑制和重創，由兩漢時期的高峰跌至低谷。尤其是魏文帝於黃初三年（公元
222年）明令禁止使用玉衣，禁止厚葬，使得喪葬玉在此時期大為減少。另外道教推崇
「食玉」，很多玉料被食用。因此，這一時期考古發掘出土玉器或傳世玉器的數量寥若晨
星，玉器的數量和品質都無法和兩漢玉器相媲美，精工者為數極少，而製作工藝則仍保留
了漢代遺風，為玉器發展史上的沉寂期。

　　這一時期考古發掘出土的玉器較少，較為重要墓葬有：河南洛陽曹魏正始八年墓、湖
南安鄉西晉劉弘墓、江蘇南京東郊東晉高崧家族墓、安徽馬鞍山當塗六朝家族墓、安徽蕪
湖月牙山南北朝墓、遼寧北票西官營子北燕馮素弗墓、陝西咸陽北周若乾雲墓等。從為數
不多的發掘品來看，主要品種有琮、豬、蟬、劍飾、帶鉤、璜、環、辟邪、瑞獸、佩、
印、杯、盞、樽等。雖說此時的玉器製作業比兩漢時期明顯蕭條，但也有精品及創新品種
出現，如雲形玉佩、近似梯形玉佩，這些玉佩的造型一直延續至隋唐時期。還有玉蹀躞
帶、鮮卑頭、耳杯、盞、樽等。由於魏晉南北朝時期玉料比較緊俏，用玉石雕琢的器物也
相對減少，代之以滑石、琥珀、青金石等材料。

　　1956年發掘的河南省洛陽市澗西區曹魏正始八年墓是一座有明確紀年的墓葬，出土

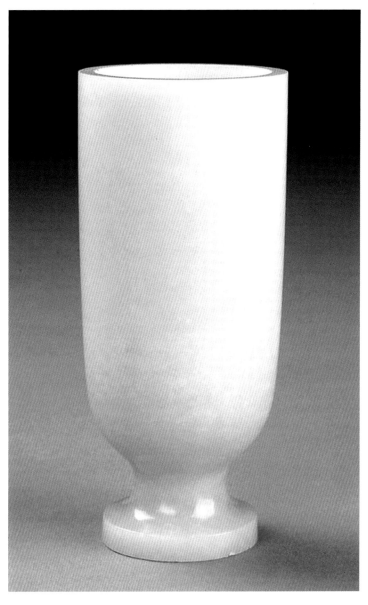

三國（魏） 白玉高足杯 河南省洛陽市澗西區曹魏正始八年墓
出土（引自《中國出土玉器全集5》圖233）

了1件高足玉杯，器呈直腹筒狀，圓餅形足，器形規整，折角分明，碾磨精緻。雖然通體
光素無紋，但曲線流暢優美。形制上與秦漢時期的高足玉杯相同，只是無紋飾。

　　1991年發掘的湖南省安鄉縣黃山鎮西晉劉弘墓，是一座未被盜掘的西晉墓，墓葬等
級較高，共出土玉器17件，有印、樽、杯、璧、韘形佩、雲形珩、璜、豬、帶鈎、璲
等。所出土玉器數量較多，品種豐富，既有東漢玉器的遺風，又有新的器形出現，是認識
西晉玉器的珍貴資料和標準器。其中玉樽從題材、雕工及藝術風格等方面看，應為東漢時
期的遺物。

　　南京是六朝古都，有著豐富的六朝文化遺存。1998年南京東郊東晉高崧家族墓出土
了30餘件成組的精美玉器，這也是我國六朝墓葬中出土玉器數量最多的一次。主要有玉

東漢　玉樽　湖南省安鄉縣黃山鎮西晉劉弘墓出土（引自《中國文物精華》圖65）

劍飾、組玉佩、璧、璜、辟邪、珩、司南佩、帶鉤、豬、韘形佩等，特別是成套玉劍飾和兩套完整的組玉佩的組合方式被完整地保留下來，對我們認識六朝玉器，深入研究其佩玉製度，具有重要的學術價值。

　　安徽馬鞍山當塗縣的青山距六朝古都南京約80千公尺，2002年5月至2003年12月，為配合馬蕪高速公路建設，安徽省考古所先後3次在此發掘了20餘座六朝墓葬，其中23號為東晉墓，出土玉帶鉤、雲形佩、璜、豬、琥珀辟邪、瑪瑙珠等器物。

　　這批玉器用料考究，多採用和田白玉和青玉，雕琢精細，造型獨特，構思巧妙。如白玉鳳首帶鉤，鉤身正面雕合翅羽毛富有層次，背面陰線刻尾羽，鉤紐陰刻花瓣紋，在紐的反面有陰刻網格紋，鉤紐雙面刻花紋較為少見。白玉玄武紋佩，近似梯形，玉質溫潤，精工細作，陰線刻花紋，線條流暢，構思獨特，為魏晉南北朝時期創新型玉佩。白玉龍紋璜、白玉虎紋璜兩件玉器尺寸相同，與白玉玄武紋佩從玉質到雕琢技法均一致，應該是出

東晉　韘形玉佩　南京市東郊東晉高崧家族墓出土（引自《中國出土玉器全集7》圖171）

東晉　白玉鳳首帶鉤　安徽省馬鞍山
市當塗青山六朝墓出土（引自《安徽
館藏珍寶》圖211）

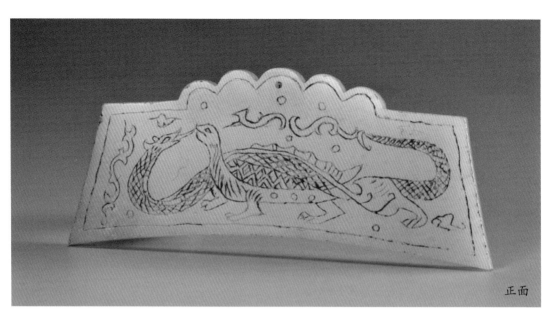

正面

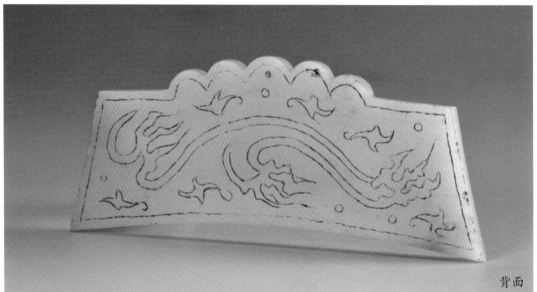

背面

東晉　白玉玄武紋佩安　徽省馬鞍山市當塗青山六朝墓出土（引自《安徽館藏珍寶》圖212）

正面

背面

東晉　白玉虎紋璜　安徽省馬鞍山市當塗青山六朝墓出土（引自《安徽館藏珍寶》圖214）

自同一工匠之手，只是龍、虎紋的氣勢與兩漢時期相比較顯得較為軟弱。

　　上述器物玉質優良，工藝精湛，是此時期難得的精品，對我們認識和研究東晉玉器具有重要價值。

　　1951年蕪湖市月牙山3號南北朝墓出土1件青玉耳杯，青玉質，局部有灰白色沁斑。杯作平口橢圓形，兩側各有一月牙形耳，光素無紋。仿漆耳杯形制，又名羽觴，這種造型杯始見於戰國，盛行於兩漢和魏晉南北朝時期，常見為漆、金屬、陶瓷製品，而玉製耳杯

南北朝青玉耳杯　安徽省蕪湖市月牙山3號南北朝墓出土
（引自《中國出土玉器全集6》圖166）

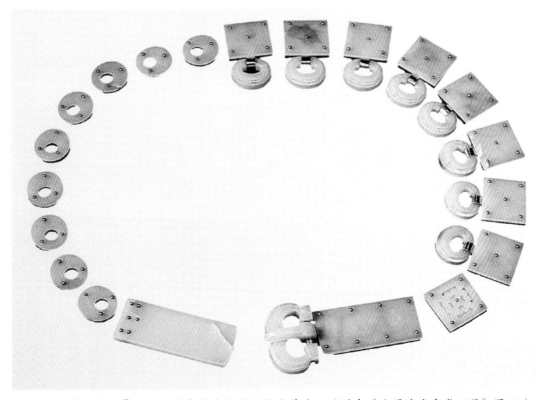

北周　八環蹀躞玉帶　陝西省咸陽市北周若乾雲墓出土（引自《北周隋唐京畿玉器》圖B1）

較為少見，此玉耳杯是南北朝時期的創新品種，為我們研究當時的琢玉工藝和社會生活提供了珍貴的實物資料。

　　1965年發掘的遼寧北票西官營子十六國時期北燕貴族馮素弗墓，出土玉盞、玉劍首等器物。玉盞高3.3公分、口徑8.6公分，墨玉質，直口圓形，底略向內收，矮圈足，口沿飾有凸起的弦紋和數道陰線弦紋，雕琢精細，非常難得。1988年陝西咸陽北周若乾雲墓

南北朝　白玉鏤空龍紋鮮卑頭（引自《中國玉器全集4》圖305）

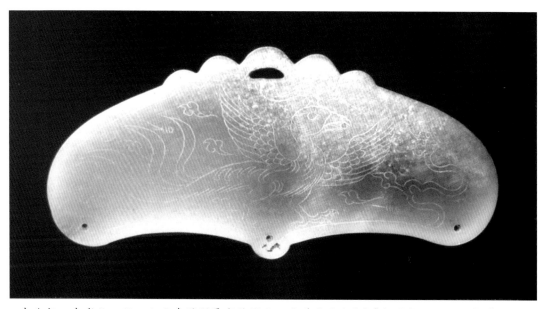

南北朝　朱雀紋玉佩　山西壽陽縣賈家莊厙狄迴洛墓出土（引自《中國出土玉器全集3》圖238）

出土了一套八環蹀躞玉帶，復原長度約1.5公尺，用和田白玉雕琢而成，是我國迄今為止發現的最早的玉帶實物。

此時期傳世玉器中較為珍貴的有上海博物館收藏的1件白玉鏤空龍紋鮮卑頭，正面鏤空雕龍紋，背面兩側刻有兩行銘文：「庚午，御府造白玉袞帶鮮卑頭，其年十二月丙辰就，用工七百。」「將臣范許，奉車都尉臣程涇，令奉車都尉關內侯臣張餘。」

根據銘文記錄的干支紀年和所涉及的官職與人名，可以確認此鮮卑頭為南朝宋文帝的御用品，是袞服上的玉帶頭，即帶扣。該鮮卑頭玉質晶瑩剔透，雕工精細，又有銘刻，是傳世品中僅見的孤品，彌足珍貴。另外，故宮博物院收藏的南北朝時期朱雀紋玉佩，為清宮舊藏。佩青玉質，形似雲頭，邊緣凸凹，為片狀。一面陰線飾展翅朱雀，周身飾「十」字形雲朵；另一面陰線飾三組火焰紋，以長帶相連。佩的上端中部有一半月形穿孔。同類玉佩在考古發掘中亦有所見，如山西壽陽縣賈家莊厙狄迴洛墓出土北齊時期的朱雀紋玉佩，此為魏晉南北朝時期創新型玉佩。

七、隋唐五代玉器

(一)隋代玉器

隋代（公元581—618）是在經歷了長達360多年南北分裂後建立的統一王朝，但僅僅統治了37年。由於時間短，玉器製造業來不及形成自己的特點，故此時期是一個南北朝之後短暫的過渡階段，是一個承前啟後的朝代。南北統一後，在政治、經濟、文化各方面相互融合，雖然在文化藝術風格方面仍然保留著前代的特點，但也出現了新的風格，如玉器出現了雙股玉釵和鑲金玉杯等。

隋代玉器遺存甚少，著名的有1957年發掘的陝西西安李靜訓墓，墓主是周太后的外

隋　金扣白玉盞　陝西省西安市李靜訓墓出土
（引自《北周隋唐京畿玉器》圖S25）

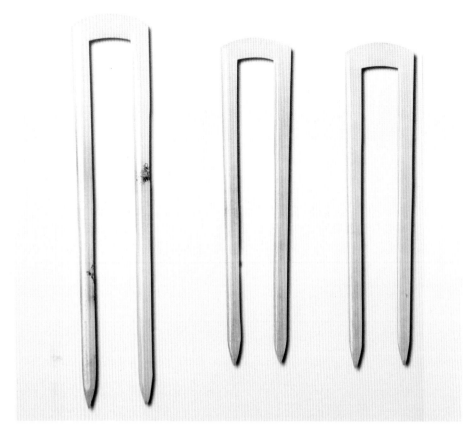

隋　白玉釵　陝西省西安市李靜訓墓出土（引自《北周隋唐京畿玉器》圖S23）

孫女，9歲夭亡。墓中出土了數件精美玉器，有盞、釵、兔、刀及金鑲嵌寶玉石項鏈等。金扣白玉盞，和田白玉質，質地溫潤。盞直口，平底，鑲金口，捲唇斂腹，金玉互為襯托，黃白相映，雕琢精細，造型優美，富麗典雅。

新出現的裝飾玉雙股釵，一改以往以單股為釵的式樣，對其後唐宋玉釵的樣式有著重要影響。釵作雙股形，上端內直外彎，下端出尖，便於插戴，通體拋光，工藝精湛，為當時貴族婦女髮髻的裝飾物。白玉兔，昂首，雙目前視，尖嘴大耳，短尾，四肢彎曲，呈伏臥狀，腹部有一穿孔。其琢工精緻，造型生動，是一件難得的精品。此外，1954年西安郭家灘隋姬威墓出土22件玉器，1985年西安東郊興寧坊清禪寺主持隋代舍利墓出土9件玉器。

總之，就目前考古發掘的材料來看，隋代玉器雖然品種和數量不多，但均使用和田玉製作，尤其是皇室玉器為優質和田白玉，器物多光素無紋，實用器增多。

（二）唐代玉器

唐代（公元618—907）政局穩定，經濟繁榮，國力強盛，是我國封建社會的鼎盛時期。由於開拓西域，使得新疆和田玉大量輸入內地，因此唐代玉器材料以和田玉為主，除此之外，有瑪瑙、水晶等，琢玉工藝也出現了新的高峰。

唐代玉器數量雖然不多，但在製作上均是精雕細琢，其品種和藝術風格都有新的發

展，帶有明顯的承前啟後的特點。器形以裝飾用玉和生活實用器具為主，如帶飾、梳背、釵、笄、鐲、步搖、戒指、盞、杯、碗、盒等。玉步搖，由金、銀、銅等金屬嵌玉而成，是唐代特有的。

　　唐代玉器裝飾紋樣多姿多彩，首次出現了植物紋圖案，常見的有忍冬、蔓草、纏枝蓮、牡丹花等各類花草樹木以及石榴和葡萄等花果，同時大量出現飛禽走獸、人物紋飾等，富有濃厚的生活氣息。動物造型增多，除傳統的龍紋、鳳紋、蟠螭紋外，出現了寫實性很強具有吉祥寓意的動物，有獅子、駱駝、鹿、象、鶴、雁、鴛鴦、孔雀、壽帶鳥等。如鳥形佩上壽帶鳥口銜花枝，似展翅飛翔，刻畫得惟妙惟肖，頗有情趣，散發著濃郁的生

唐　胡人獻寶玉帶銙　安徽糧食學校工地出土（引自《安徽館藏珍寶》圖215）

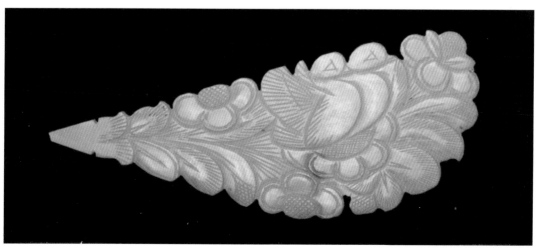

唐　玉鴛鴦花卉紋簪首　陝西西安交通大學內唐興慶宮遺址出土
（引自《中國出土玉器全集14》圖200）

活氣息。

另外，出現了佛教玉器，主要有玉佛和玉飛天。還有唐代獨有的胡人形象，胡人無冠，捲髮，深目高鼻，穿緊身窄袖長衣，足著長筒靴，或翩翩起舞，或手執奇珍異寶跪地敬獻，或彈奏各式樂器，或舞獅，或呈雜耍狀，是當時唐與西域文化交流的真實寫照。更重要的特點是在花卉、鳥獸、人物等裝飾圖案的邊緣飾平行細陰線，質感強，生動活潑。另外，三岐骨朵雲大量使用，這種紋飾，雲尾細而長，雲頭分為三部分，兩側往外捲，中間部分小而團，微微向前凸。唐代玉器在繼承傳統玉雕風格的基礎上汲取了中亞等地的藝術精華，從而形成自己獨特的玉雕風格。

1970年西安市南郊何家村唐代窖藏中出土了一批珍貴的金銀器和玉器。有鑲金白玉鐲2對，玉帶10副。單件玉器有杯、杵、鑲金羚羊首瑪瑙杯、瑪瑙臼、水晶杯以及玻璃碗和藍寶石等製品。帶銙上紋飾有獅紋、人物紋等。如伎樂紋白玉帶銙，1副16件，由半橢圓形銙10件、方形銙4件、圓首矩形銙1件、圓首矩形鉈尾1件組成，和田白玉質，潔白溫潤。用剔地與陰線相結合的雕琢手法，人物為胡人形象，或奏樂或舞蹈。出土時放在一素銀盒內。其帶銙的背面有若干對穿孔，用於革帶加固。

唐 白玉胡人舞蹈紋鉈尾（拓片） 陝西省禮泉縣唐昭陵陵園出土（引自《北周隋唐京畿玉器》圖T61）

另1981年在陝西省禮泉縣唐昭陵陵園出土1件白玉胡人舞蹈紋鉈尾，和田白玉質，溫潤細膩有光澤。正面周邊凸起，中向內傾斜減地淺浮雕一胡人站在毛毯上跳胡騰舞。以短陰刻線勾勒人物各個部位的服飾及地毯，胡人頭髮捲曲，肩披綢帶，身體兩側的綢帶向上飄舞，腳穿長靴，胸部陰刻渦紋，神情自如。背面未拋光，有5對象鼻孔，用於將鉈尾固定在皮製革帶上。唐代玉帶的雕琢技法極有特色，採用壓地隱起的方法，先用陰刻線勾勒圖案的輪廓，然後在輪廓邊緣的四周去地斜挖，使主紋飾與邊框平行，以突出主題紋飾，使圖案有立體感，此種碾琢手法為典型的唐代玉器的雕琢技術，是鑑別唐代玉帶的重要依據之一。

1992年陝西省長安縣南里王村竇曒墓出土1套玉梁金框寶鈿真珠裝蹀躞帶，復原長度1.5公尺。此帶由圓首矩形銙4塊、圓形帶銙8塊、圓形偏心孔環1塊、忍冬形蹀躞帶飾和玉帶扣各1塊組成。鞓為皮製，出土時已朽壞。此玉帶框以青白玉製作，框內為金框寶鈿真珠裝。把雕琢好的玉器鑲以金飾，嵌以珍珠、寶石作為點綴。玉帶之製始於唐，是一種由數塊乃至十數塊扁平玉板鑲綴的腰帶，是古代官階品位的標誌，以金玉最為珍貴。唐代的玉雕大師借用傳統的錯金銀技

唐　玉梁金框寶鈿眞珠裝蹀躞帶　陝西省長安縣南裏王村竇皦墓出土
（引自《北周隋唐京畿玉器》圖T1）

術，將黃金鑲嵌在和田玉內，做出精美絕倫的金鑲玉。其造型精美，工藝繁複，富麗堂皇，為難得的唐代珍品。

　　何家村窖藏出土的鑲金羚羊首瑪瑙杯，用纏絲瑪瑙雕琢而成，紅黃白若干色相間，體呈彎角形，杯口為圓形，下部雕成羚羊首形，頭上雕有兩隻彎曲的角，圓眼目視前方，口鼻部鑲金帽，可裝卸，內有流與杯口相通。該器採用寫實的手法，集實用性與藝術性於一

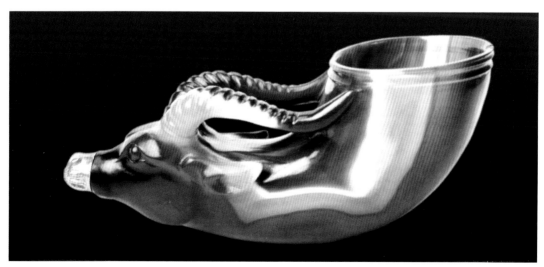

唐　鑲金羚羊首瑪瑙杯　陝西省西安市南郊何家村窖藏出土
（引自《中國出土玉器全集14》圖207）

體，是唐代玉器中的精品。另一件白玉忍冬紋八曲橢圓形杯，和田白玉質，細膩溫潤，杯體作八曲橢圓形，矮圈足，杯的外壁滿飾尖葉忍冬捲草紋，每曲的紋飾既獨立構圖，又與其他各曲紋飾渾然一體。忍冬為一種纏繞植物，又稱為捲草，六朝時期即流行忍冬紋。八曲花狀造型和忍冬捲草紋原為中亞典型的題材，而唐代的工匠大膽地吸收了外來藝術的精華，與本土文化相互交融貫通，應用在各類器物的裝飾上。如今在我們所見到的唐代瓷器、金銀器、玉器上，此類造型和裝飾隨處可見。

　　唐代的傳世玉器較為常見，有裝飾玉和生活用玉等。而這一時期的禮儀用玉雖然史料中有所記載，但在出土和傳世玉器中並不多見。上海博物館收藏的白玉淺浮雕雲龍紋璧，直徑9.6公分。正面依璧形雕一盤旋龍戲珠紋，龍雙角，頸後一縷長髮飄拂，嘴角闊而深，上齶呈梳形，龍身滿飾細密的斜方格形鱗紋。四肢前後分佈，三爪，首尾之間有一火焰狀寶珠。背面飾對稱的四朵長腳如意雲紋，雲朵似隨風飄拂，極具動感。此璧的紋飾已經完全擺脫了前代那種抽象的裝飾風格，更加趨於寫實和注重神韻。此外，故宮博物院收藏的青玉雲紋單把杯，杯口呈橢圓形，杯的外壁通體淺浮雕朵雲紋，杯把淺浮雕朵雲，非

唐　青玉鏤空飛天（引自《中國玉器全集5》圖3）

常精美。其淺浮雕朵雲紋的雕琢手法同唐代石雕朵雲紋的雕刻手法。

另有青玉鏤空飛天，為佛教玉器，傳世玉中較常見。多為女性形象，作上裸、披巾、正面、側臥等形式，身下托有祥雲，似在空中飛舞，給人以輕盈飄逸之感，其形體可與敦煌壁畫上的飛天相媲美。

(三)五代玉器

唐代末期藩鎮割據，致使大唐帝國終告滅亡，取而代之的是又一個大分裂時期，史稱五代十國。這一時期中國再度戰亂頻頻，民不聊生，經濟蕭條，玉器製作業也受到很大影響而處於衰敗期，此時的出土玉器少之又少。其中較重要的有1950年江蘇省南京市南郊牛首山南唐李昪（ㄅㄧㄢˋ）陵、李璟陵，二陵均有玉哀冊出土。1996年浙江省臨安市玲瓏鎮吳越國康陵馬王后墓出土玉器有梳背、鴛鴦、簪首、蝴蝶佩、牡丹花飾等70多件（套）。1956年安徽省合肥市安徽農學院南唐墓出土金鑲玉步搖。2001年浙江省杭州市雷峰塔地宮出土玉觀音、玉龜、玉錢、玉善財童子等。1942年、1943年四川省成都市西郊前蜀王建永陵中出土了龍紋玉帶、玉哀冊、玉諡冊等器物。

五代玉器繼承了晚唐玉器的風格，如玉梳背和玉步搖都是唐代就開始盛行的，是當

五代　金鑲玉步搖　安徽省合肥市安徽農學院南唐墓出土（引自《中華歷代服飾藝術》）

五代　玉梳背　浙江臨安出土（引自《中國玉器全集5》圖17）

時貴婦人戴於頭部的裝飾品。梳背是嵌於梳上的裝飾，玉梳背為片狀，上部呈圓弧形，底端平齊。一般飾花卉和鳳鳥紋，花葉上施以細密陰刻線，花瓣打窪。鑲嵌玉梳背的梳子在唐、五代時期並不是作為梳頭的用具，而是婦女頭部的一種裝飾品。唐、五代時期，婦女以梳高髻為美，梳是綰髮盤髻所必需的工具，可作壓髮、固定髮髻或純裝飾之用，唐、五代以後就少見了。玉步搖也是唐代開始盛行的一種貴婦人插於鬢髮之側的裝飾品，起到固定髮髻的作用。形作片狀，透雕，常見有牡丹花、鴛鴦、花鳥等紋飾，採用細陰刻線雕琢

唐　張萱《搗練圖》局部圖（引自《中國美術全集3繪畫篇》圖20）

唐　周昉《簪花仕女圖》局部圖（引自《中國美術全集3繪畫篇》圖23）

花紋，繁而不亂，與其他珠串組合懸掛，玉片的末端鑲嵌有金銀，可插於髮髻。貴婦人輕移蓮步，美麗的玉步搖也隨之輕輕搖動，顯得婀娜多姿。這種步搖頭飾經久不衰，一直沿用至清代，只是形式上有所變化。《搗練圖》（唐代畫家張萱作）、《簪花仕女圖》（唐代畫家周昉作），都取材於唐代宮廷婦女的生活，從畫中的描繪可以觀察到當時貴族婦女頭部插玉梳及玉步搖的情景。

　　此外，杭州市雷峰塔地宮出土的玉善財童子非常珍貴，童子立於祥雲之上，衣服隨風飄起，神態自然，為目前發現年代最早的玉童子形象。四川省成都市西郊前蜀王建永陵出土的一套完整的龍紋玉帶是這一時期玉器中的精品。玉帶由方形銙7塊和鉈尾1塊及銀扣組成。主體紋飾為淺浮雕盤龍紋，在鉈尾的背面有陰刻銘文，記述了玉料在永平五年（公元915年）曾遭火燒，後被前蜀皇帝王建發現並命工匠把它雕成玉帶的情況，對該玉帶的

五代　玉善財童子　浙江省杭州市雷峰塔地宮出土
（引自《中國出土玉器全集8》圖212）

五代　龍紋玉帶　四川省成都市西郊前蜀王建永陵出土（引自《中國美術全集・玉器》圖223）

五代　龍紋玉鉈尾　四川省成都
市西郊前蜀王建永陵出土（引自
《中國美術全集・玉器》圖224）

斷代有著重要的參考價值，是目前所知唯一有明確紀年的玉帶。

　　此玉帶的龍紋有唐代遺風，但是玉帶的雕法與唐代有所不同，雖然也是減地浮雕，但地子較平，沒有留邊，而唐代地子打凹，留有邊框，這是唐與五代玉帶的區別所在。因此，該龍紋玉帶是我們瞭解和研究五代時期龍紋及玉帶形式的重要實物資料。

八、宋遼金玉器

　　宋（公元960—1279）歷時300多年，與遼、金兩朝同時並存。在這個特殊的歷史時期，相互之間雖說有戰爭，但也有貿易交往，有文化交流，這樣促進了民族的融合，對藝術品的發展也有著很大的影響。尤其是這一時期的玉器製作，宋、遼、金相互借鑒、相互學習、相互交融，共同繁榮，進入了一個新的歷史階段。

（一）宋代玉器

　　公元960年趙匡胤發動「陳橋兵變」取代後周，建立了北宋王朝，979年（太平興國四年）滅北漢，終於結束了唐末五代以來藩鎮割據的局面。宋代根據首都及疆域的變遷，又分為北宋（公元960—1127）與南宋（公元1127—1279）兩個時期。兩宋玉器在造型與風格上有相似之處，也有著各自不同的風格與特點。

　　宋代從宋徽宗趙佶到士大夫都熱衷於收集、整理和研究古物，盛行尚古之風，金石學興起，出現了呂大臨的《考古圖》、王黼的《宣和博古圖》、趙明誠的《金石錄》、歐陽修的《集古錄》等一批文玩和金石學方面的經典論著。同時繪畫藝術和雕塑藝術的蓬勃發展，都直接或間接地促進了宋代玉器的發展。

宋「政和通寶」玉錢　北京市房山縣長溝峪煤礦工地石槨墓出土
（引自《中國出土玉器全集1》圖29）

南宋　人物紋玉帶銙　江西省上饒市茶山寺趙仲湮墓出土（引自《中國玉器全集5》圖76）

　　古玉器的考證和收藏熱潮，滋長了仿製古玉之風，推動了仿古玉的製作和盛行。玉器作為特殊商品進入市場流通，促進了宋代玉器向世俗化方向發展。

　　科學考古發掘出土的宋代玉器數量並不是很多，卻非常精美。比較有代表性的有1962年北京師範大學施工工地出土的青玉臥鹿；1969年河北定州靜志寺塔基出土的璧、雁紋鉈尾、龜、盒、水晶魚等；1974年北京市房山縣長溝峪煤礦工地石槨墓出土的「政和通寶」玉錢，雖然出於金代墓葬，但是應為宋人所製。

　　1956年江西省上饒市茶山寺南宋趙仲湮墓出土了一套人物玉帶，由方形銙7件、鉈尾1件組成。玉帶所雕人物已經不是胡人形象，而是穿著寬袖長袍的漢人形象，雕琢技法與唐代有所不同。雖然也是減地隱起，但只是在主紋周圍有淺淺的減地，與唐玉帶差別較大；人物雖然也是席地而坐，但已不見唐代盛行的地毯；衣折紋不再使用唐代密集的細陰刻線，更加趨於寫實。

　　另外，1974年浙江省衢州市王家公社瓜園村南宋史繩祖夫婦合葬墓出土7件玉器，有兔、玉筆架、水晶筆架、獸鈕印、蓮苞形瓶、荷葉形杯等，隨葬玉器多為文房用具。其中圓雕玉兔，可作為鎮紙，整器刀法明快，兔雙目炯炯有神，腹部與四肢用弧線加刻短陰刻線表示兔毫，輪廓清晰，神情自然，憨態可掬，有著濃厚的生活氣息。

　　1981年四川省廣漢縣和興鄉聯合村南宋窖藏出土了18件玉器，除1件玉璜為漢代遺物外，其餘均為南宋遺物。主要有帶鈎、持花童子、雲紋佩、帶飾、蟬、魚、獸面紋飾

件、雙鵝墜等。這組玉器多為裝飾玉器，採用鏤雕技術，取材於生活，貼近生活，樸素而平淡，生活氣息濃厚。

此外，1972年安徽省來安縣相官公社出土的宋代金扣瑪瑙碗，金玉完美結合，交相呼應，互為襯托，顯得富貴典雅，是一件難得的宋代玉器皿。1952年安徽省休寧縣南宋工部侍郎朱晞顏夫婦合葬墓出土了一批玉器，有卣、杯、劍飾、簪、帶銙、璧、瑪瑙單耳杯、瑪瑙珠（94粒）、寶石（36顆）、雨花石（30顆）等。其中獸面紋玉卣，體扁圓，

宋　金扣瑪瑙碗　安徽省來安縣相官公社出土（引自《安徽館藏珍寶》圖216）

南宋　獸面紋玉卣　安徽省休寧縣南宋工部侍郎朱晞顏夫婦合葬墓出土
（引自《安徽館藏珍寶》圖220）

直頸，鼓腹，圈足，缺蓋。兩側雕對稱龍耳（有穿孔），耳下鏤雕昂首捲尾龍，腹下淺浮雕獸面紋。該器雕琢精細，紋飾精美。卣是商周時期常見的器物，當時多用青銅製作，此玉卣是迄今為止所知有明確出土地點的南宋仿古玉器。

總而言之，宋代玉器繼承了唐代玉器寫實的風格，形神兼備，以日用玉器和裝飾玉器為主，同時盛行仿古玉。器物造型與紋飾在唐代的基礎上有所發展，具有濃郁的生活氣

宋　玉孔雀銜花佩（引自《中國古代玉器藝術·下卷》圖223）

正面　　　　　　　　背面

宋　玉童子（引自《中國古代玉器藝術·下卷》圖154）

息，如花鳥佩、折枝花佩、持荷童子佩等都是這一時期典型的作品。尤其是花鳥佩，受到當時繪畫藝術的影響，鏤雕技術出神入化，形態優美，多具寫實風格，花朵、花莖、鳥兒羽毛一應俱全，精雕細琢，刻畫得非常到位。而持荷童子佩在考古發掘品中極少看到，但在傳世品中卻屢見不鮮。

童子一般為大頭，身著大馬甲，窄袖，手腕帶環，大肥褲，形態各異，有的攀枝而立，有的手執荷葉，眼眉上方有兩道陰刻線的八字眉，運用陰刻直線、弧線勾勒出五官、手足、衣紋等細部特徵。童子形象刻畫得天真爛漫，活潑可愛，栩栩如生。明代學者高濂在《燕閑清賞箋》中描述「宋工製玉，發古之巧，形後之拙，無奈宋人焉」，是對宋代玉器最真實的評價。

(二)遼代玉器

遼（公元907－1125）建國於907年，國號契丹，916年始建年號。契丹族是一個善於取人之長、補己之短的民族，在長期與宋相鄰交往過程中，深受中原文化的影響，在吸收大量先進漢文化的同時，又保存和發展了本民族的傳統文化，兩種文化相互融合，相輔相成，形成了特有的文化風格。玉器也不例外，受唐宋玉文化的影響，形成了自己獨有的風格。

隨著考古工作的不斷發展，出土的遼代玉器資料漸多，重要的考古發現有1986年內蒙古哲里木盟奈曼旗青龍山鎮遼陳國公主與駙馬合葬墓出土了一批珍貴玉器，對瞭解和研究契丹貴族的文化及葬俗有著十分重要的意義。

出土玉器主要有各種組佩、帶飾、實用器、嵌飾等，玉組佩有動物形及工具形兩種。動物形的玉組佩有以鏤雕綬帶紋長方形玉飾系鎏金銀鏈下掛5件玉墜，玉墜為摩羯、雙

遼　動物形玉組佩　內蒙古哲里木盟奈曼旗青龍山鎮遼陳國公主與駙馬合葬墓出土
（引自《遼陳國公主墓》）

魚、雙鳳、龍、魚銜蓮枝佩，這種龍、鳳、魚等具吉祥意義題材的運用，具有寫實風格，有著濃郁的中原文化氣息，顯示出遼與宋文化的交流。另一動物形的玉組佩，由一件出廓璧形器繫鎏金銀鏈垂掛5件玉墜組成，璧面陰線刻十二生肖圖，玉墜為蛇、猴、蠍子、蟾蜍、蜥蜴等動物，這也是玉器上第一次出現十二生肖圖案，非常難得。工具形玉組佩是以象徵性的玉質工具組合成佩飾，鏤雕蓮花玉飾系鎏金銀鏈下垂掛刀、剪、錐、銼、勺、觿等工具形玉墜，別具一格。而圓雕的鴛鴦和鴻雁，均為雙雙交頸而臥，魚形玉佩也是成雙成對，造型極其生動形象，充滿了自然情趣。魚形盒玉佩，通長23.8公分，用整玉一分為二雕成，中部空，可裝納香料或小件物品，隨身攜帶，有一器多用的功能，既是裝飾品，又是實用器，是契丹人根據自己民族的遊牧生活需要而設計的，為遼代玉器的又一特點。

同墓出土的還有玉臂韝（《ㄡ），體呈橢圓形片狀，正面略弧，背面內凹，左右兩側各有一個穿孔，可繫金鏈，出土時套於陳國公主與駙馬的左臂之上，應該與架鷹有關，是與狩獵相關的玉製工具，是遼代玉器所特有的。此外，出土2件青玉箕形硯，這

遼　魚形盒玉佩　內蒙古哲里木盟奈曼旗青龍山鎮遼陳國公主與駙馬合葬墓出土（引自《中國出土玉器全集2》圖97）

遼　交頸鴛鴦玉佩　內蒙古哲里木盟奈曼旗青龍山鎮遼陳國公主與駙馬合葬墓出土（引自《中國出土玉器全集2》圖102）

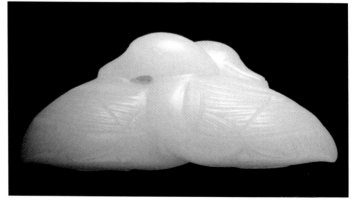

種造型多見於唐代的石硯，就目前而言該硯是我國最早的出土玉質硯臺實物。同時出土1件玉水盂，這些文具反映出陳國公主與駙馬精通文墨。該墓所出土玉器造型獨特，用料考究，多為和田白玉所製，細膩溫潤，這與墓主人顯赫的地位和身份是密不可分的，應屬宮廷用玉。

　　其他如1970年內蒙古翁牛特旗解放營子公社遼墓出土1件玉飛天佩和1套玉帶飾。飛天造型與唐代的有所不同，面向前方，目前視。此飛天佩青白玉質，扁平狀，略成三角形，頭戴平頂冠，上身赤裸披飄帶，身著長褲，下托祥雲作飛舞狀，該佩常用作斷代的標

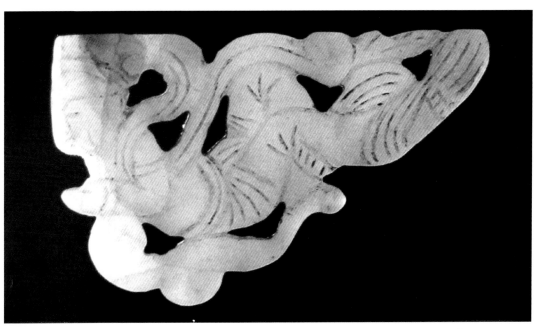

遼　玉飛天　內蒙古翁牛特旗解放營子公社遼墓出土（引自《中國玉器全集5》圖133）

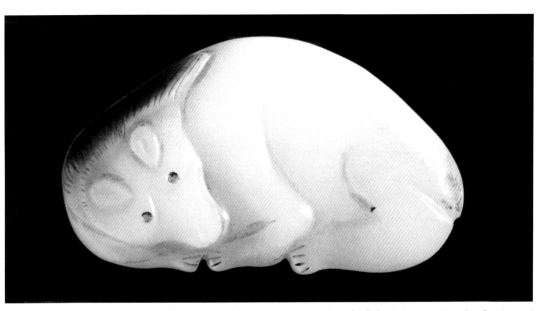

遼　白玉獸　內蒙古巴林右旗白音漢公社遼代窖藏出土（引自《中國出土玉器全集2》圖105）

準器。1979年遼寧喀左自治縣白塔子遼墓出土了2件白玉飛天，造型相同，作男相，昂首俯身，頭頂有一角狀物向後飄拂，雙手合掌於胸前，肩披飄帶，托於流雲之上。這種頭部出角狀物的玉飛天為遼代所特有。

　　1967年在遼寧省阜新縣塔營子遼塔地基內出土的金鏈白玉竹節形盒、雲龍紋杯、蓮花紋杯，1978年內蒙古巴林右旗白音漢公社遼代窖藏出土的白玉獸等，都是非常重要的實物資料。

　　上述有年代可考的玉器資料使我們對遼代玉器有所瞭解，有所認識。遼玉在題材選擇上隨意自然，不受任何程式化的束縛，玉器的造型風格不僅具有濃厚的契丹民族文化特色，表現了遊牧民族的生活氣息和自然情趣，同時還兼顧到本民族的生活習慣。玉材大多採用新疆和田白玉、青玉，瑪瑙和水晶，且善用金、銀、玉，並使之融為一體。遼代玉器繼承了唐宋以來的製玉傳統，紋飾與造型變化不大。善用各種組佩形式，在一件大的玉佩下面連綴數件小型玉墜，可繫掛於腰間。它反映出遼玉的製作工藝、裝飾風格以及遊牧民族的生活習性，具有獨特的民族風格，對遼玉的鑒定斷代有著重要的參考作用。

（三）金代玉器

　　金（公元1115—1234）是女真族建立的封建王朝，與南宋相對峙。女真族是長期生活於東北地區的遊牧民族，善於學習、吸收契丹和漢文化，與本民族文化相融合，且能突出本民族文化特色，這在玉器上有鮮明的表現。金代玉器在題材上繼承了北方民族的特點，體現了本民族的習俗和傳統。

　　無論是出土的還是傳世的，金代玉器都較為豐富，器物造型多以自然界的動植物為題材。玉器種類主要有花朵形佩、花鳥形佩、龜遊佩、荷魚形佩、雙鹿形佩、海東青攫天鵝

金　海冬青攫天鵝玉飾件（引自《安徽館藏珍寶》圖220）

佩（春水玉）、山林獸紋佩（秋山玉）、玉嘎拉哈、飛天、童子飾等。尤其是春水玉、秋山玉體現了本民族的時代風格。

金代玉器的考古發掘品和傳世品相對較多。考古發現的金代玉器代表性作品有：1958年吉林省扶余縣金墓出土的金扣玉帶一副，有長方形玉銙18塊、鉈尾1塊，用金鉚釘連綴固定於革帶上，帶扣為黃金質地，中段掛一鑲金海貝為飾，玉質潔白，光素無紋，此玉帶具有少數民族風格，保存完好，極其寶貴；1973年黑龍江省綏濱縣中興墓群出土的墨玉藻魚、玉人、金玉腰帶、玉飛天等；1974年黑龍江省綏濱縣奧里米城北出土的花卉牌、動物飾片、嘎拉哈、雙鹿紋牌等；1983年哈爾濱市香坊金代墓葬出土的壽帶銜花玉佩、天鵝佩等，具有唐宋時期花鳥佩件的雕琢風格；1974年北京市房山區長溝峪金代石槨墓出土了一批精美玉器，主要有雙鶴銜草飾、雙股釵、孔雀形釵、折枝花飾、鏤雕纏竹節飾、環、鐲等；1980年北京市豐台區王佐鄉金代烏古倫窩倫墓出土的2件龜巢荷葉形佩、壽帶鳥花形佩、花形環等。

上述這些玉佩反映了金代玉器的一個重要特點，玉質精良，精雕細琢，它們不是僅表現一個物體或者一個動物，而是花與鳥、龜與荷葉、魚與水草相互襯托，動靜結合，同時表現出周圍的環境，無論是花鳥還是植物都散發著濃郁的生活氣息。

在眾多的金代玉器中，春水玉和秋山玉有著獨特風格，是金代玉器中最具代表性的作品。「春水」和「秋山」來自契丹族的「春捺缽」及「秋捺缽」，從《遼史·營衛制》中

金　玉臥虎山石擺件（引自《中國古代玉器藝術·下卷》圖198）

我們瞭解到，「捺缽」為契丹語，為遼帝遊獵時的「行營」，隨著氣候和季節而變換，遼代專門制定了春捺缽、夏捺缽、秋捺缽、冬捺缽的制度。女真族和契丹族一樣均為北方遊牧民族，其漁獵經濟占主導地位，所以承襲了契丹族的舊俗，狩獵於春、秋兩季，並將「春捺缽」改稱為「春水」，「秋捺缽」改稱為「秋山」。

春水玉表現了契丹、女真族豢鷹捕鵝的狩獵活動。通常採用鏤雕來體現水禽和花草，有鶻（ㄍㄨˊ）攫天鵝、大雁、荷葉、蘆葦等組合圖案。常見的為鏤雕海東青（海東青又名吐鶻鷹，主要生長於黑龍江流域。它體小機敏，疾飛如電，勇猛非凡，自古以來深得我國東北各民族的喜愛，有專人進行馴養，專用以捕殺天鵝和大雁）攫天鵝飾，器形多呈橢圓形，一般以橢圓環托一海東青與一天鵝（也有不帶托環的），透雕，沒有其他任何背景。鵝體肥碩，頭向上，頸彎曲，圓眼，張口。海東青緊啄天鵝頭顱，天鵝展翅作掙扎狀。海東青的腿部雕刻一打結的飄帶，說明海東青係人工飼養。天鵝身上的羽毛呈鱗狀，翅膀上用陰紋和陽紋相結合雕琢的羽毛排列整齊，具有立體感，反面用陽紋勾勒鵝爪。整件器物雕琢得栩栩如生。

秋山玉表現了遼、金貴族射虎殺鹿的狩獵活動，是以山石、柞樹、猛虎、群鹿組合為主題圖案的狩獵場面。在雕琢技法上，有單面雕和雙面雕，常留有赭色玉皮巧作秋色，有柞樹藏虎，有山林群鹿，也有虎鹿並存，多以山林襯托。所表現的場面並不像春水玉那樣殘酷無情，而是反映了獸畜共處於山林，相安無事的北國秋景。

春水玉、秋山玉這兩類裝飾題材充滿了山林野趣，再現了我國北方遊牧民族春、秋兩季狩獵的生動場景，其造型、紋飾、構圖簡練而有層次感，形神兼備，具有很高的藝術價值。

九、元代玉器

元代（公元 1271—1368）開創了我國歷史上又一個統一的歷史時期，由蒙古族建立的大一統帝國，幅員遼闊，政治強盛，經濟發達，本民族文化成為主體。元代玉器在宋、金玉器的基礎上有所發展，在製作工藝和表現手法上與宋、金風格迥然不同，體現出蒙古族彪悍粗獷豪放的氣魄。玉器種類有帶鉤、帶扣、帶飾、爐頂、杯、押印、獸、各式佩及仿古玉等，其中爐頂和押印是新型玉器。

據考古發掘資料得知，元代出土的玉器並不多。主要有 1956 年安徽省安慶市棋盤山元尚書右丞相范文虎夫婦合葬墓出土玉器，有押印、貫耳瓶、心形飾、帶鍔、絞絲環等。貫耳

元　貫耳玉瓶　安徽省安慶市棋盤山元尚書右丞相范文虎夫婦合葬墓出土（引自《安徽館藏珍寶》圖 224）

元　天鵝水草紋玉飾件及荷紋玉帶鈎　江蘇省無錫市錢裕墓出土
（引自《中國出土玉器全集7》圖187）

瓶，和田白玉質，瓶體扁圓，瓶頸的兩側飾貫耳，寬腹，圈足底外撇。口腹之間飾四條凸出的弦紋。蓋面平，淺浮雕蟠螭紋，兩隻前腿上舉呈投降狀，後腿彎屈成弓形，在四隻腿外部均刻有排列整齊的短小陰刻線，螭尾內捲，螭身的中部有一道陰刻線，兩邊刻「二字紋」表示脊背骨骼，為典型的元代蟠螭紋風格。蟠螭紋題材在元代玉器中不僅應用得多，而且非常成功，有著獨特的風格。玉瓶雕琢精細規整，其造型似乎是仿商周時期的青銅器，應為仿古玉，是元代玉器中的精品。

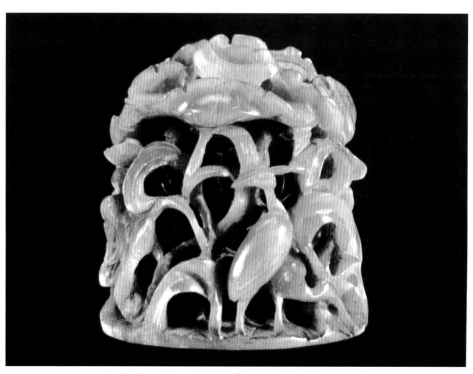

元　玉蓮鷺紋爐頂　上海市青浦區北廟村元代任明墓出土
（引自《中國出土玉器全集7》圖251）

另外，1960年江蘇省無錫市錢裕墓出土了19件玉器，有春水玉、帶鉤、桃形杯、筆洗、瓶、簪、人、魚、羊等。其中春水玉題材的天鵝水草紋玉飾件及荷紋玉帶鉤尤為珍貴，兩者取自同一塊玉料，紋飾及雕琢技法相同，均為青白玉質，器身遍佈土沁及灰斑。玉天鵝水草紋飾件主題紋飾突出，由橢圓環襯托，鏤空雕荷蓮與草卉，一展翅的天鵝潛於其中，上方一隻細身長尾的海東青正在回首尋覓，伺機攫捕，鏤雕多達四層。帶鉤呈琵琶形，同樣雕琢荷蓮及草卉圖案，兩者可配套使用。此器設計巧妙，雕工精細，層次豐富，富有立體感。該春水玉的出土說明這類反映北方少數民族春天豢鷹捕鵝題材的玉器已推廣到南方地區。

1964年江蘇省蘇州市張士誠父母墓出土了十節竹環、玦、帶、佩等少量玉器。上海市青浦區北廟村元代任明墓出土玉爐頂，青玉質，多層次鏤雕，用深刀雕刻荷葉與鷺鷥。上部荷葉有開有合，葉下葦葉和水草穿插交織，鷺鷥棲息在叢葉中，或回首而望，或昂首正視，或作俯首覓食狀，神態各異，十分生動自然。可以看出元代人繼承了遼金時期崇尚山林野趣的風格，只是紋飾圖案稍顯繁雜，更加粗獷。還有北京市海澱區魏公村社會主義學院工地出土的一套玉帶，由長方形、桃形、小長方形銙及鉈尾等20塊組成。青玉質，深雕人物戲獅圖案，有邊框。圖中人物頭戴尖帽，短袍窄袖，腳蹬皮靴，為蒙古族人形象，正在戲耍獅子。元代帶銙的邊框還新出現了四角呈委角狀的變化。爐頂和玉帶的出土為傳世品中此類玉器的斷代提供了可靠的實物資料。

此外，元代傳世玉器存世頗多，其中最具代表性的是置於北京北海團城的瀆山大玉海，海龍、海馬等十幾種瑞獸翻騰於波濤洶湧的大海，氣勢雄偉，可貯酒三十餘石，是我國大型玉雕的創舉。故宮博物院收藏的青玉蓮托坐龍、青玉龍紋雙耳活環樽、白玉鏤雕雙虎環佩、青白玉鏤空鳳穿花璧等，也都是元代玉器中的精品。

元　玉荷鷺紋飾件（引自《安徽館藏珍寶》圖227）

總之，元代玉器較之宋、遼、金玉器做工稍顯粗獷，同樣具有形神兼備的特點，更富於生活氣息。裝飾紋樣沿用宋、金玉器傳統題材，花鳥、花卉紋大量採用，春水玉、秋山玉更加世俗化，春水玉逐漸演化為鷹擊天鵝及蘆雁荷藕圖，而秋山玉逐漸衍變為福鹿圖案，一直延續至明清時期。器物上常出現蒙古族人形象。雕琢工藝善用鏤空，多層透雕，層次分明，技藝嫻熟，具有較強的透視效果。採取深凸雕和浮雕技法，主題紋飾突出邊框。善用重刀等手法，主要用於人物的頸部、動物的四肢和飛禽的頭部及翅膀等部位，似斷非斷。玉器風格豪放，刀法粗獷勁逸，不講究細部琢磨，在器物背面留有較多的鑿痕，這些特點，為明代玉器的粗放藝術風格作了準備。在方形玉器的邊框處理上，將直角雕成委角，剛柔相濟，顯得十分優美。也常用俏色技法，巧妙地展現動植物紋飾，具有較高的藝術表現力。

十、明代玉器

　　1368年朱元璋在南京稱帝，建立明朝，這是中國歷史上最後一個由漢族建立的王朝。明太祖朱元璋於洪武元年二月下詔：「悉命復衣冠如唐制，士民皆束髮於頂……」由於政治體制的改變，漢文化得以發揚光大，社會經濟文化得到進一步發展。明代玉器的發展也與社會的變化緊密相聯，由於皇室的重視及民間賞玉之風的盛行，玉器製作業發展得極其迅速，追求精雕細琢，往往一件玉器集裝飾、觀賞、實用於一體，從而將玉器製作推向一個新的高潮，因此明代成為我國琢玉史上最繁榮的時期之一。

　　明代（公元1368—1644）長達200多年，無論是出土玉器還是傳世玉器都相當可觀，主要分早、中、晚三個時期。

1. 明早期玉器

　　明早期玉器具有代表性的有1970年南京北郊洪武四年汪興祖墓出土的一副鑲金雲龍紋玉帶，和田白玉質，白如凝脂。共14塊，葵形銙4塊，其中有2塊帶提攜，應為蹀躞帶形制，鏤雕雲龍紋；半葵形銙8塊，鏤雕雲紋；鉈尾2塊，鏤雕雲龍紋。玉帶用金托鑲包，非常精

明　初金鑲玉雲龍紋提攜　江蘇省南京市北郊洪武四年
汪興祖墓出土（引自《中國美術全集・玉器》圖279）

明初　玉持荷童子　安徽省明光市（原嘉山縣）李貞夫婦合葬墓出土
（引自《安徽館藏珍寶》圖228）

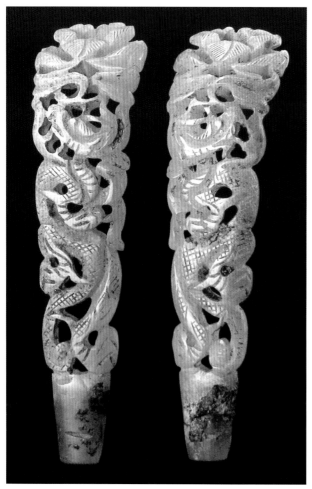

明初　龍戲牡丹紋簪首　安徽省明光市李貞夫婦合葬
墓出土（引自《中國出土玉器全集6》圖166）

美，金托背面有穿孔，可縫綴於革帶上。

此玉帶主體紋飾突出邊框，層次分明，雲龍紋依然保留著元代玉雕遺風，玉帶的數量不符合明制，有別於明中晚期的玉帶，較為特別，這與明早期玉帶的形式尚未統一有著很大的關係。汪興祖居巢人，是明代開國功臣之一，追封東勝侯，陪葬品中有如此高規格的賜授玉帶，也是理所當然的。

稍晚的有1969年安徽省明光市（原嘉山縣）李貞夫婦墓出土的玉器。李貞夫婦墓係朱元璋的姐姐（曹國長公主）、姐夫李貞（恩親侯駙馬都尉）合葬墓。據《明史・列傳第九・公主》記載，曹國長公主死於至正十三年（公元1353年），李貞死於洪武十一年（公元1378年）。曹國長公主死後，由於戰亂未安葬，在李貞死後才將其遺骨遷來一起合葬。此墓共出土玉器8件，除玉靈牌外均為裝飾玉。有

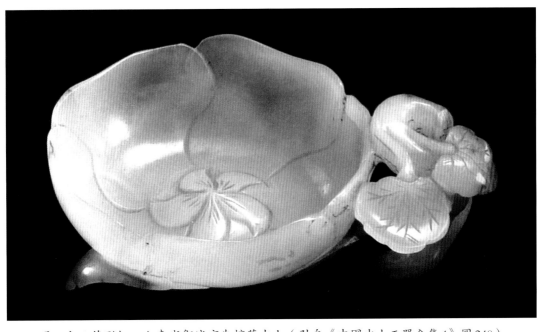

明　白玉花形杯　山東省鄒城市朱檀墓出土（引自《中國出土玉器全集4》圖240）

鳳鳥紋簪首2件、持荷童子2件、龍戲牡丹紋簪首2件、鳳首簪、靈牌等。其中持荷童子頭顱碩大，頭頂梳桃式髮型，微微突起。弧線合成眼眶，楔形鼻，嘴呈倒八字紋，雙手持靈芝與荷葉。龍戲牡丹紋簪首的頂部彎折，鏤雕一朵盛開的牡丹花，花枝下雕琢一條升騰的龍，昂首，曲頸，盤曲呈「S」形，嘴微張，吻部上翹，短髮向上飄拂，長腿，三爪，細尾捲曲。這種龍行於花枝中的題材，常見於元末明初，雕琢手法採用深刀，風格粗獷，有較明顯的元代遺風。

　　該墓出土的幾件玉器均由和田玉雕琢而成，表面磨工都很精細，但拋光不強，與明代中後期玉器講究拋光而不注重磨工正好相反。

　　還有1971年山東鄒城朱檀墓出土的玉器。朱檀是朱元璋的第十個兒子，洪武十八年（公元1385年）就藩，死於洪武二十二年（公元1389年）。此墓共出土各類文物1000餘件，其中數量較多的是玉製品，有帶飾、花形杯、圭、硯、佩、筆管、筆架等。隨葬玉帶有兩副，其中一副鑲金白玉帶由20塊「亞」字形、大小長方形銙及鉈尾組成，全部鏤雕靈芝紋，並由鏤花的金片包鑲，十分精美。但玉帶的厚度與層次都不如汪興祖墓出土的玉帶。白玉花形杯，如盛開的花朵，以枝與葉作杯耳和托，形象生動，雕琢精細，為明代早期玉質器皿中的佳品，是鑑定傳世品中同類器物的標準器。

　　從上述墓葬出土的玉器可以看出，明早期玉器受元代風格影響較大，並沒有形成自己的風格，明顯保留了元代玉器的遺風。

　　2. 明中期玉器

　　到了明代中期，社會逐步穩定，經濟繁榮，國富民強，使玉雕業更加興盛。玉器產量有所增加，品種增多，題材廣泛，裝飾手法趨於多樣化，各式生活用具、文房用具、裝飾用玉、陳設品、佛像等等，應有盡有。雕琢風格也由粗獷豪放向精鏤細琢轉變，逐漸形成

自己的風格。當時的蘇州是明清兩代的琢玉中心，蘇州的制玉業代表著全國玉器工藝的發展趨勢，繁榮的玉雕工藝造就了許多能工巧匠，最著名的琢玉能手應屬蘇州專諸巷的陸子岡。此時玉器多出土於南京、上海、江西等地。

明中期玉器具有代表性的有1969年上海浦東陸家嘴明陸深夫婦及其子陸楫夫婦的合葬墓出土的玉器，有金鑲玉髮簪、金鑲玉飾件、戒指、髮冠、蟬、簪、魚、剛卯和嚴卯、璧、葫蘆形墜飾、幻方、童子、珠、插扡、透雕掛飾、扣等60件。其中白玉觀音插扡，頭戴花冠，陰刻五官，楔形鼻與眼、嘴相連，表情慈祥，肩披帛，著對襟長衣，胸前金絲纏繞鑲一寶石，右手在胸前執一雲帚，用金質蓮座托之。此佛像有頭部較大、面龐圓潤、衣紋陰刻線條粗且生硬等特點。玉佛在兩宋時期零星出現，到明代中晚期有了較大的發展，並且已具有多種功能，或為佛堂供奉，或作案頭擺設，或是隨身佩帶，是富有中國文

明　白玉觀音插扡　上海浦東陸家嘴陸氏墓葬出土（引自《上海出土唐宋元明清玉器》圖118）

化特色的佛教雕刻。該墓出土的玉器以及金鑲玉較為精緻，為我們研究明代的玉雕工藝和金屬工藝提供了重要的實物資料。

　　1972年江西省南城縣明益端王朱祐檳夫婦合葬墓，出土玉圭、玉帶、玉佩、玉飾等26件（套）。玉帶出土時位於朱祐檳腰部，共計20塊。羊脂白玉質，溫潤細膩，光澤度強，素面無紋。據資料顯示，在出土的明玉帶中，素面玉帶占了大多數，並且貫穿明代始末。1958年南城縣明益莊王朱厚燁夫婦合葬墓，出土了帶、佩、圭等玉器。其中王氏棺出土的龍紋玉帶由19塊形制不同的長方形、桃形、長條形銙及鉈尾組成。青白玉質，正面分別剔地凸雕雲龍海水江牙紋，並加飾展翅飛鳥紋，龍爪用鑽孔區分，主題紋飾與邊框平齊。背面光素有穿孔。整體紋飾雕刻較粗糙，與早期龍紋相比顯得軟弱無張力，器形也不如早期的厚重。從上述的兩副玉帶紋飾與形制不難看出，其風格與早期玉帶已經截然不同，但玉帶的形制已經基本統一。

3. 明晚期玉器

　　明晚期玉器以1956年定陵出土的玉器最具代表性，其規格最高，數量最多，質量最好，絕大多數都是萬曆皇帝和他的兩個皇后生前的生活用品，為宮廷御用品，很多都是稀世珍寶。出土器物大致分為禮器、器皿、佩飾和玉料等四類。禮器主要有璧和圭，玉圭是古代重要的禮器，此次共出土玉圭8件，形制相似，紋飾各異，非常珍貴。如青玉山形紋圭和絃紋圭，均上尖下方，前者正面陽刻4組上下左右排列的山形紋，寓意「江山在握，安定四方」。而弦紋圭據文獻記載，是帝王在朔望視朝，降詔，各方朝拜進貢、進表等場合使用的。

　　器皿有爵、壺、盒、盂、碗、耳杯等品種，多使用鏨金或鑲嵌珠寶工藝，絢麗多彩。如金托白玉執壺，出自萬曆皇帝棺內，壺撇口，細長頸，扁腹，橢圓形圈足。腹一側置倒龍首形長流，流與頸間連一橫片，另一側置曲柄。蓋紐與壺柄以玉質活環鏈相連。腹部兩

明　金蓋托白玉碗定陵出土（引自《中國出土玉器全集1》圖55）

側淺浮雕桃形開光，開光內雕牡丹花托「卍」字及「壽」字，寓意「萬壽富貴」，下承金托。該壺的造型與圖案受當時瓷器製作工藝的影響，造型渾厚，非常難得。

金蓋托白玉碗，此器由玉碗、金蓋、金託盤三部分組成。玉碗的造型與常見碗相同，壁薄，圈足，內外光素。金蓋直口捲沿，蓋身鏨刻三層龍紋；蓋紐飾一盛開蓮花，花芯鑲紅寶石；金託盤呈圓形，盤心鏨刻雲龍紋，盤中央有一圓形碗座。金玉合製，黃白相間，精美絕倫，不愧為中國玉碗之最。

另金托玉爵，爵呈元寶形，三足外撇，深腹，雙柱呈蘑菇形，一側鏤雕龍形把，龍作攀附狀，龍身與爵壁間有空隙，恰好手指可插入，便於持爵。爵的外壁陰刻雲龍紋，龍的兩前爪各托「萬」與「壽」字。爵下有一金託盤，盤中心立一樹墩形柱，墩柱雕刻起伏重疊的山峰，柱上有三孔，玉爵正好插入。盤內為浮雕二龍戲珠及海水江牙流雲紋，整個紋飾寓意「壽山福海」，託盤沿面亦鑲嵌紅藍寶石，可謂中國玉器舉世無雙的精品佳作。

佩飾有玉帶、帶鉤、組佩、簪、耳墜等。其中白玉兔金鑲寶石耳墜堪稱玉質飾品中的極品，通長5.8公分，小巧而精緻。最上部為金耳環，中間是白玉兔，以紅寶石珠與金環

明　青玉卮　北京市小西天北京師範大學清代早期墓出土（引自《中國出土玉器全集1》圖61）

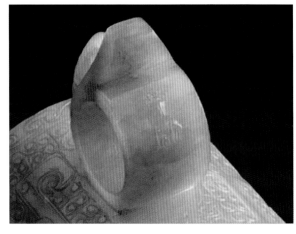

明　青玉卮局部　北京市小西天北京師範大學清代早期墓出土（引自《中國出土玉器全集1》圖61）

相連，下部為雲頭形鑲寶石金托。玉兔豎耳，雙眼嵌紅寶石，兩前肢抱杵，杵下有臼，作搗藥狀，玉兔腳踩祥雲，栩栩如生地再現了美好神話傳說。定陵出土的精美玉器反映了皇家奢侈而豪華的生活，同時也顯現出古代能工巧匠的聰明才智及製玉的最高水準。

北京故宮博物院收藏有大批明代傳世玉器，部分為明宮遺玉，還有一部分是清代宮廷數百年搜集而來的，這其中就有著名琢玉大師陸子岡的作品。陸子岡，江蘇太倉人，後遷居蘇州，是明代嘉靖至萬曆年間的琢玉高手，所雕玉器大都為日用器皿，如壺、杯、水注、筆洗、香爐等，雕琢紋飾有人物、花卉、鳥獸、詩詞等，喜在器物的隱僻處雕出「子剛」「子岡」「子剛製」等款識。《蘇州府志》曰：「陸子岡，碾玉妙手，造水仙簪，玲瓏奇巧，花莖細如毫髮。」以陸子岡款傳世的玉器很多，尤以各式玉佩為多，真偽難辨，現在傳世的子岡款玉器中以清代仿製的最為多見。

故宮博物院收藏的青玉合卺杯、茶晶梅花花插等都是陸子岡為皇家製作的精品。出土的子岡款玉器很少，1956 年江蘇睢寧縣出土了 1 件明代玉筆筒，器底有「陸子岡」款。1962 年北京小西天北京師範大學清代早期墓也出土了 1 件青玉卮，在卮的柄下剔地陽紋篆書「子剛」款，是迄今為止所知出土的有「子剛」款玉器仿漢器的精品。

總之，明代玉器數量較多，種類豐富，無論是考古發掘出土玉器還是傳世品都相當可觀。早期作品繼承了元代簡樸生動而渾厚的風格，到了中晚期生活實用器皿增多，出現了大批珠寶金玉鑲嵌器皿，大量出現文房用具，而仿古玉器趨於成熟。紋飾圖案佈局繁密，主次不分。盛行吉祥圖案，有圖必有意，有意必吉祥，出現大量有寓意圖案的作品。常見紋飾以松、竹、梅、龍、花鳥、動物、纏枝花卉、山水、人物為主。鏤雕技藝更加高超，圖案層次較多，以粗獷簡練的線條構成圖案精美的紋飾，花上壓花，枝下有枝，豐富多彩。雕工粗獷渾厚，不拘小節，器物只注重拋光不注重碾磨，僅打磨外表，表面有較強的光澤，而內層不拋光，內外反差較大。

總體來看，明代玉器大多渾厚粗獷，但玉帶等器物則雕琢得十分精細，因此，明代玉器是粗獷與精細並存。

十一、清代玉器

清（公元 1644—1911）是我國封建社會的最後一個王朝，玉器在經歷數千年的積澱後在這一時期得到了空前發展。尤其是乾隆時期，國力強盛，經濟繁榮，社會安定，新疆西部叛亂平定，使得通往大西北的道路被打通，新疆玉料源源不斷地運往中原，再加上乾隆皇帝本人對玉器的鍾愛，促成了玉器生產的繁榮昌盛，玉器的製作達到了歷史的高峰，故此期堪稱中國玉文化史發展登峰造極的時代。而清晚期戰亂又起，遭受外國的侵略，經濟嚴重受挫，國力衰竭，新疆玉貢停止，宮廷玉器生產也日漸衰落，此後清代玉作就再沒有振作起來，玉器藝術水準也一落千丈。

清代玉器在學習歷代玉雕的長處的同時，也有了創新和發展。玉器存世量多，種類豐富多彩，題材廣泛，用料考究，精品薈萃，超過以往的任何時代。時作玉以陳設品和裝飾玉最多，也最為精美。同時出現了眾多的新品種，有仿古彝器、山子、屏風、花插、薰爐、鼻煙壺、煙碟、如意、朝珠、翎管、香囊、手串等等。

清代玉器經科學發掘出土的並不多，1962 年北京西郊小西天北京師範大學清代早期

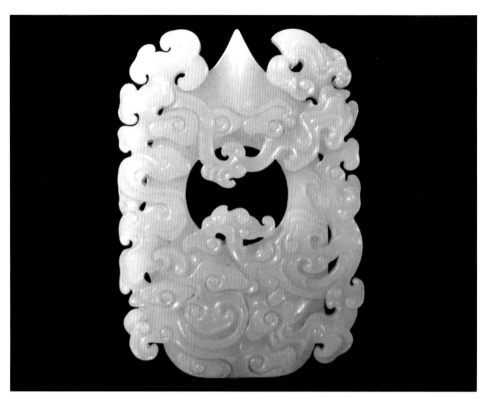

清　白玉韘形佩　北京西郊小西天北京師範大學清代早期墓葬出土
（引自《中國出土玉器全集1》圖84）

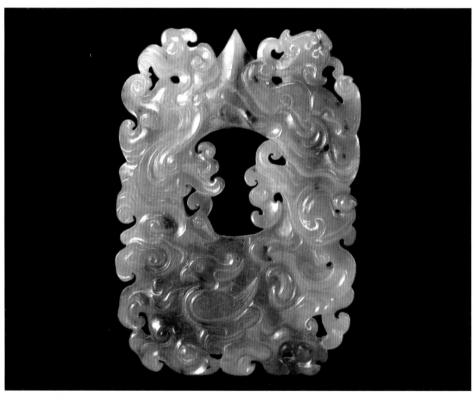

清　碧玉韘形佩　北京西郊小西天北京師範大學清代早期墓葬出土
（引自《中國出土玉器全集1》圖85）

墓葬出土了近30件玉器，墓主人是清大學士一品官索額圖七歲的女兒黑舍里氏，因家族地位顯赫，所出玉器唐、宋、元、明、清等時代的都有。其中有兩件韘形佩，均為雙面雕，兩面紋飾相同。其一為羊脂白玉質，潔白無瑕，呈長方圓角片狀，中部一圓孔，以鏤空淺浮雕技法雕琢流雲紋。其二為碧玉質，形制與前者基本相同，採用鏤空淺浮雕技法，一面飾蟠螭紋及鴛鴦，另一面為鳳鳥紋隱於祥雲之中。兩件玉佩玉質精良，雕琢精細，線條圓潤、流暢，為清早期玉器中的精品。韘形玉佩是漢代常見的一種佩飾，這兩件韘形玉佩應為仿漢代製品。

我們今天所見到的清代玉器多為傳世品，數量相當可觀，僅北京故宮博物院就收藏有萬件，主要是宮廷用玉及各級官吏進貢的玉器珍玩，可以說囊括了清代玉器的方方面面，代表了清代玉器的發展水準，是當時玉器生產的主流，全面地反映了清代玉器的製造、使用和文化內涵。

桐蔭仕女圖玉飾是清乾隆時期最具代表性的玉器，此玉飾高15.5公分、寬25公分、厚10.8公分，白玉質，局部有黃褐色玉皮。整體為江南庭院造型，以半掩的月形門為中心將庭院分為內外兩部分。門外有假山桐蔭，一仕女手持靈芝，緩緩走向月形門。門內有芭蕉樹、石凳、石桌和山石等，一仕女雙手捧盒，與外面的女子從門縫中對視。器底陰刻乾隆御題詩：「相材取碗料，就質琢圖形。剩水殘山境，桐簷蕉軸庭。女郎相顧問，匠氏運心靈。義重無棄物，贏他泣楚廷。」該器作於乾隆三十八年秋天，此玉料原為琢碗剩下的廢料，蘇州的玉工獨具匠心，因材施藝，根據油畫《桐蔭仕女圖》，雕琢出迷人的江南庭院景致，庭院幽幽，人物傳神，將橘黃色的玉皮雕琢成梧桐蕉葉，充分體現了清代玉匠的高超技藝，可謂巧奪天工。此玉飾是清代圓雕玉器的代表作，堪稱藝術瑰寶。

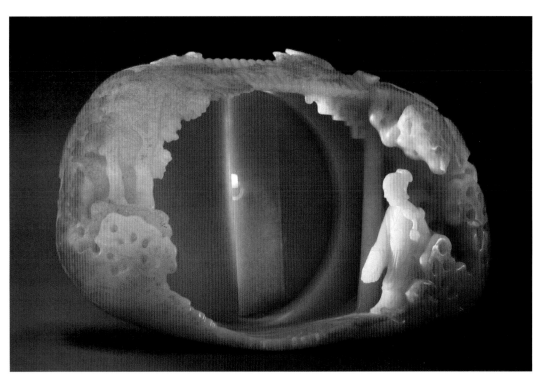

清　乾隆桐蔭仕女圖玉飾（引自《中國美術全集・玉器》圖322）

　　玉山子是乾隆年間揚州玉工開創的新品種，它將大自然的山川、亭閣與人物濃縮在玉石上，運用圓雕、浮雕、鏤雕、線刻等多種技法，表現遠近、高低、上下不同層次的景物。玉山子多以名人畫稿為藍本，題材廣泛，山石佈局講究均衡、穩重，層林疊翠。在雕琢時力求古樸莊重，用刀平穩，轉折圓潤。如《大禹治水圖》《會昌九老圖》《赤壁泛舟圖》《秋山行旅圖》《採藥圖》《採玉圖》等，其中尤以《大禹治水圖》玉山子最具代表性，是我國最大的一件玉雕製品，重5300多公斤，通體立雕作山峰狀，重巒疊嶂，古木參天，飛瀑流泉，山路盤陀。山子表現了無數百姓在大禹的領導下，開山鑿石、疏導水路等艱辛的勞動場面，佈局周密。正面山巔刻有「五福五代堂古稀天子寶」方印。背面上端刻「古稀天子」圓印，正中刻兩行大字：「密勒塔山玉，大禹治水圖。」其下鐫乾隆題詩及自注文，頌揚大禹治水的功德。此玉山子是根據宋人的畫稿由揚州玉工費時六年雕琢而

清　《大禹治水圖》玉山子（引自《中國美術全集·玉器》圖328）

成的，反映了當時制玉技藝的最高水準，是無與倫比的國之瑰寶。小型的玉山子也較為常見，亦是以山水人物、亭臺樓閣為題材，雕刻出一幅幅淡雅寧靜的山水風景。

乾隆時期除了製作中國傳統玉器之外，還引進和仿製了有異域風情的玉雕，其中最為著名的是痕都斯坦玉器。目前我們所見清宮舊藏的痕都斯坦玉有兩種，一種為當年輸入，另一種係宮內工匠仿製，俗稱「西番作」，而這類仿製品多刻有年款。

痕都斯坦玉器裝飾風格具有明顯的阿拉伯藝術特色，如在器壁上用金、銀絲嵌出花紋的輪廓，再鑲嵌紅、黃、綠、藍等各色寶石及玻璃，而動物的眼睛則用有色寶石鑲嵌。花紋裝飾多為植物花葉，以莨苕花、西番蓮和鐵線蓮為主。以平面淺浮雕技法雕琢，並採用獨特的水磨技法。器物造型有的如盛開的花朵，有的為捲起的花葉等形狀。其玉材選自南疆的和田玉，以白玉和青白玉為主。痕都斯坦玉匠喜用純色的玉材雕琢，即一器一色，這

清乾隆　仿痕都斯坦玉器（引自《中國玉器全集6》圖60）

清乾隆　仿痕都斯坦玉器（引自《中國玉器全集6》圖59）

與我國傳統玉器的留玉皮或雜色玉雕形成了鮮明的對比。器物多為實用的碗、匙、杯、洗、盤、盒、壺等器皿。痕都斯坦玉器壁薄如紙，晶瑩剔透。如此精美的痕都斯坦玉器深得乾隆皇帝的喜愛，在當時內務府專門設立了仿製痕都斯坦玉器的作坊，在蘇州等地均有仿製。當時的玉匠吸取痕都斯坦玉器之精髓，結合我國傳統工藝，創造出帶有西番風格的玉器，往往器形是中式的，而裝飾圖案是西式的，中西結合，別具一格。因此，仿痕都斯坦玉器也成為清代玉器的主要類型之一。

此外，清代仿古玉在明代的基礎上得到了進一步發展，無論是器形種類還是數量都遠遠超過前代，主要以乾隆時期為代表。當時的社會風氣是薄今厚古，尤其是乾隆皇帝，對古玉的喜愛遠遠超過時作玉，嗜古成癖，他不僅收藏古玉、鑑賞古玉、考證古玉，並且倡導仿古玉，讓宮廷製玉作坊大量製作仿古玉，以滿足他自己及皇族玩賞的需要。而民間各地玉作坊也紛紛效仿，大量地製作仿古玉，從而促進了清代仿古玉的發展，其製造、規模、玩賞與收藏都達到了高潮，成為清代玉器重要的組成部分。

仿古玉是模仿高古玉器和青銅器式樣加工碾琢的玉器。清代的仿古玉一部分是在形制上仿古，即以《考古圖》《博古圖》中的青銅器為藍本進行仿製。以青銅器為藍本的仿古玉主要有器皿和陳設器，有的是全部按照青銅器的樣式直接仿製，器形、紋飾、尺寸均與青銅器相同。有的只是採用青銅器造型，稍作改變，而局部紋飾稍加變化，形成新的風格。在乾隆時期的仿古玉器中，最具鮮明特點的就是大量這類仿古彝器。仿製器形主要有鼎、樽、簋、壺、觚、卣、觥和爐等，玉質優良，個個都是精雕細琢，非常精緻，多用於

清乾隆　青玉仿古召夫鼎（引自《中國玉器全集6》圖341）

清乾隆　碧玉仿古雙耳蓋豆（引自《中國玉器全集6》圖118）

陳設，在器底往往鐫刻「大清乾隆仿古」「乾隆仿古」等字樣。

　　如清宮舊藏的青玉仿古召夫鼎，和田青玉質，由整塊玉料琢製而成。體呈長方形，六出戟，直耳，柱形足，配置有木座和玉頂木蓋。全器採用浮雕、透雕、陰線刻等技法雕琢。鼎的四面飾獸面紋，足外側雕蟬紋，兩耳及口沿外側均陰線刻回紋。鼎外底部陰線刻「大清乾隆仿古」六字款，鼎內底部刻有乾隆御題詩，鼎的一側內壁刻有銘文。該玉鼎是仿照《西清古鑑》中周代金銀錯青銅召夫鼎製作的，是乾隆皇帝最鍾愛的仿青銅器佳作。

　　又如碧玉仿古雙耳蓋豆，碧玉質，有蓋，圓形捉手，器腹圓收，高圈足，口外側有兩個環形耳。器身及蓋淺浮雕人物、飛禽、走獸紋，足部淺浮雕飛禽、走獸紋。足內側陰刻「大清乾隆仿古」隸書款，蓋內陰刻乾隆御題詩一首，末署「乾隆丁未御題」及「古稀天子」和「猶日孜孜」二方印。該器是以青銅豆為藍本，從器形和紋飾上完全仿古。

　　以上兩件仿古彝器在選料上獨具匠心，選擇青玉和碧玉，在色澤上都接近於銅器上的綠鏽，利用玉料的自然色，加上器形和紋飾完全仿古，精雕細琢，惟妙惟肖，是乾隆時期仿古玉器的代表作。

　　另外，其他種類的仿古玉的數量也相當可觀，其中仿漢玉佩的數量較多，如仿製韘形佩、吉祥佩、玉璧等，仿製得形神兼備，真偽難辨，在鑑別時需謹慎。

　　在宮廷仿古玉的影響和帶動下，各地的民間仿古玉也非常盛行，這一類的仿古玉的製作並不是為了供人們玩賞，其主要目的是為了獲取高額利潤。所製作的仿古玉一般以高古

玉器為藍本,在器形及紋飾上幾乎能亂真,做舊的方法多樣,採用人工仿製各種沁色,人為利用各種手段做出傷殘痕跡,這種仿古的技法和風氣一直延續到今天。因此,我們在鑒定古玉時一定要細心觀察,不能被假象所蒙蔽。

古玉長期埋於地下,由於受各種因素的影響而發生的色變,稱為沁色。其中土沁為黃色,水沁為白色,銅沁為綠色,血沁為紫紅色,水銀沁為黑色。造假者為了達到以假亂真的效果,往往人工仿沁,此手段最早出現於北宋時期,一直延續至今。

人工仿沁的手法各種各樣,劉心瑤在《玉紀補》中記載了當時民間玉器作坊作偽的主要方法,有以下幾種:

(1)把玉件用火燒烤,使其顏色發白,如古玉中的雞骨白色。這種方法製成的玉器,劉心瑤稱為「偽石灰古」。同真石灰古相比較,它上面有火燒的細裂紋,真的上面沒有。

(2)把活羊的腿割開,放入小件玉器,用線縫好,幾年後取出,玉上有血色細紋,如同傳世舊玉上的紅絲沁,以冒充傳世古玉。這種方法做的舊玉稱為「羊玉」。同真傳世古玉相比,羊玉顯得乾澀,「不如真者溫靜」。

(3)將狗殺死,乘狗血未凝,將玉器放入狗腹中縫好埋入地下,數年後取出,玉表面產生土花、血斑,世人稱之為「狗玉」。這種玉器上帶有新玉的顏色和雕琢之痕。

(4)用質地鬆軟的玉(石性較大或帶玉皮的玉)製成器物,然後用濃度高的烏梅水煮,時間長了,玉質鬆軟處被烏梅水淘空,然後再用提油法上色,冒充「水坑古」。這種作偽方法製成的產品稱為「梅玉」,其沁色不自然。

(5)把玉器用濃灰水加烏梅水煮,趁熱把玉取出,置於風雪中冷凍,則會出現細如髮絲的裂紋,用以冒充古玉中的牛毛紋。這種玉器稱為「風玉」。

(6)用鐵屑拌玉器,然後用熱醋淬之,放置十幾天後埋於地下,數月後取出。經過埋藏,玉為鐵屑所蝕而出現橘皮紋,紋中鐵銹為深紅色,並有土斑,宛如古玉。這種做舊方法相傳為乾隆年間無錫阿叩所創,所以又稱為「叩銹」。

(7)用「硇提」之法上色,使顏色透入玉理,灰煮不退,與真色無異,但若仔細觀察,天陰時顏色較鮮,天晴時顏色混濁。

總之,清代是我國製玉最繁榮的時代,玉器選料精,尤其是翡翠的出現,可謂清代玉雕中的一件盛事。玉器品種多,做工精細,紋飾繁瑣,仿古玉幾乎可以亂真,乾隆年間的玉雕工藝更是達到了頂峰,以它典雅華麗的風格而獨樹一幟。

第四章

常見紋飾的斷代

　　紋飾的演變反映了古玉器的時代風格，因此，對紋飾特徵的區分和判斷是鑒定古代玉器的主要方法之一。

一、龍　紋

　　龍，是中華民族的象徵，龍紋在中國藝術史上是一個經久不衰的題材。我國目前發現最早的龍形物是1987年5月在河南省濮陽市西水坡仰韶文化遺址出土的用貝殼堆塑的龍，其形象似走獸、細身、長尾、四肢有爪。而最早的玉雕龍紋出現於新石器時期，一直延續至清代，經歷了幾千年的變化，各時代形成了自己獨有的特徵。不同歷史時期，龍的形態各不相同，掌握和暸解歷代玉雕龍紋的發展和演變，有助於我們鑒定古玉器。

（一）新石器時期龍紋

　　中國最早的玉雕龍紋出自東北地區的紅山文化和江淮流域的凌家灘遺址。從目前出土的新石器時期龍紋實物資料來看，紅山文化三星他拉玉龍，龍身捲曲呈「C」形，龍首似馬頭，較長，吻部前伸上翹，長鬣後披，無耳，眼睛突起呈棱形。龍體渾圓，沒有棱角；通體為圓柱形，光素無紋，只有點綴的網紋，形制厚實古樸。該龍無足、無爪、無角、無鱗、無鰭，它代表了早期中國龍的形象，號稱「中華第一龍」。1998年凌家灘遺址16

新石器時代　玉龍　紅山文化
（引自《牛河梁紅山文化遺址與玉器精粹》圖4）

新石器時代　玉龍　凌家灘遺址出土（引自《安徽館藏珍寶》圖 161）

號墓出土的玉龍，透閃石，呈白色。體扁平，呈「O」形，首尾相連，頭部雕刻兩隻角，微翹，吻部突出，腮部有皺紋多道，陰線勾勒出眼、鼻、嘴。在龍體的外緣陰刻一道弧線，在弧線外陰刻 17 條短線，表示龍脊。靠近尾部有一穿孔，可供穿繫佩戴，兩面紋飾基本相同。該玉龍與內蒙古翁牛特旗三星他拉玉龍有著明顯的區別，前者近似「O」形，首尾相連，兩角聳立；而後者形如「C」字，無角，頸後披長鬣。此玉龍是新石器時代玉龍在江淮地區的首次發現，可謂「江淮第一龍」，它的出土說明了早在 5000 多年前江淮流域的先民就已有對龍的崇拜。

　　總體來看，該時期的龍紋造型簡樸，雕琢簡拙粗獷，鑽孔似圓錐形，俗稱「馬蹄孔」，孔內有旋痕，玉料多為就近取材。

（二）商代龍紋

　　商代玉雕龍紋早期多為片狀，後期出現了圓雕。早期多為象形體，有的與甲骨文上的龍字相似。片狀龍身呈玦形、璧形或璜形。婦好墓出土的圓雕龍前足著地，長尾盤捲，有別於片狀龍。陰刻線有單線和雙線兩種，直線多於彎線，有棱有角。時代特徵是：

　　（1）龍身短，除了彎形之外，匍匐形的多。

　　（2）龍尾薄而有刃如刀子，有的呈勾捲狀。

商　甲骨文象形龍字

（3）龍雕一足，兩足的極少，作爪形。

（4）龍頭雕獨角，角形如兕（ㄙˋ，雌的犀牛）角，呈蘑菇狀，緊貼頸部。

（5）龍的眼睛多為「臣」字眼，或菱形眼及長方形中間加一橫。

（6）龍嘴微張，圓雕龍還露牙齒，以示威猛。

（7）早期龍身只用幾道陰刻線勾勒頭、尾及腿部，別無紋飾。而中晚期龍身滿飾單鉤、雙鉤或陽線的雲雷紋、單環紋、方菱紋及重環紋等。晚期龍的脊背出現了脊齒。

商　婦好墓出土的圓雕龍（引自《中國美術全集・玉器》圖57）

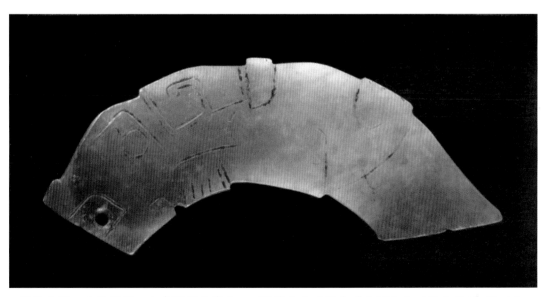

商代晚期　玉龍形佩　山東滕州前掌大219號墓出土（引自《中國出土玉器全集4》圖62）

（三）西周時期龍紋

西周早期的龍紋仍然延續了商代龍紋的特點，到了中晚期漸漸形成自己的風格。西周龍紋主要有爬行龍，雙體龍，單身龍，龍、鳳與人合體等，多裝飾於玉璜和玉玦等片狀雕，尚未見圓雕龍。彎線多於直線。主要特點有：

西周　龍紋玉璜　山西省曲沃縣晉侯墓地31號墓出土
（引自《晉國奇珍‧山西晉侯墓群出土文物精品》第138頁）

西周　龍形玉佩　山西省曲沃縣晉侯墓地31號墓出土
（引自《晉國奇珍‧山西晉侯墓群出土文物精品》第142頁）

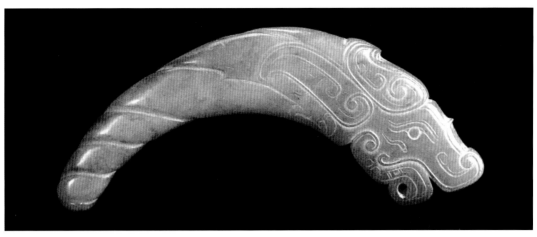

西周　玉龍紋觿　山西省曲沃縣晉侯墓地63號墓出土
（引自《晉國奇珍・山西晉侯墓群出土文物精品》第176頁）

（1）龍的身體變得細長，龍身上的紋飾圖案化，較為複雜，線條多為弧形或彎形，盛行重環紋和雲雷紋。龍的背部出現的脊齒紋比商代的密集，這是西周時期玉龍的特殊風格。

（2）眼睛多為「臣」字形，與商代「臣」字眼不同的是眼角線拉長，有的拉長後再勾捲，為西周獨有的風格。另有菱形眼和橢圓形眼。

（3）龍的兕形角漸漸消失，蘑菇狀的兕角變得近似耳形，還有雲紋式的角。有的龍頭有一綹上飄的鬃毛，亦可視為角或耳。

（4）龍張口，上唇上捲，額上突出一個似大括號形的小尖頭。

（5）此時期的龍大多無足，尾部有刃的很少。

（四）春秋戰國時期龍紋

春秋時期龍紋多裝飾於玉璜和玉玦，用雙陰刻線勾出，形態各異。龍為雙首，寄生同體。此時期的龍紋多為簡化的夔龍紋、虺龍紋，商周時期的「臣」字眼與蘑菇形兕角已不見了，出現了雲形耳。

戰國時期龍紋多為片狀，大量使用鏤雕技法，無論是龍的造型、紋飾還是雕琢技法，均以新的面貌出現，完全超脫了前代龍紋的規範。龍體的周邊以雙陰線擠出陽紋線，更突出了龍的輪廓，使龍的形體更加矯健、優美而生動，形成獨特的時代風

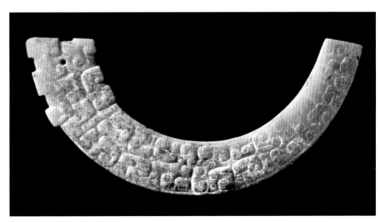

春秋　龍形玉飾　江蘇省吳縣通安嚴山王陵出土
（引自《中國出土玉器全集7》圖66）

戰國　玉龍形佩　安徽省長豐縣楊公鄉戰國墓出土（引自《安徽館藏珍寶》圖180）

戰國　玉龍形環　湖南省臨澧縣九里茶場一號墓出土
（引自《中國出土玉器全集10》圖178）

格。主要特點有：

（1）龍的身體更長，為曲折形，形狀如同英文字母「S」，故稱之為「S」形，有的呈雙「S」形，這是以前所沒有的，從戰國時期才開始出現。龍體曲折而自然。

（2）在龍體上滿飾穀紋或勾連雲紋。穀紋有兩種形式：一種是不出芽的穀紋，又稱作乳丁紋；另一種是出芽的穀紋，又稱作臥蠶紋。紋飾突起，立體感強。並在一些空白部位陰線飾茄形滴水紋、柳條形紋、二字紋等。

（3）龍角已完全不是兕角形狀，出現了似耳形的角，有的龍腦後拖一長角。「臣」字眼完全消失，出現淺浮雕圓形眼與橢圓形眼，眼睛突起，炯炯有神。

（4）龍頭有長有短，以長形龍頭為多，均為側面，出現了回首狀。龍張口，吻部長而上捲，下唇呈圓弧形，口微張似鉗子。也有的龍口大張，露利齒。

（5）龍的尾部有陰刻線裝飾，多數龍沒有明顯的四肢，只有少數龍有類似獸類的肢體。

（五）漢代龍紋

漢代不再流行戰國時期常見的「S」形玉龍，龍形漸漸向盤龍發展，四肢俱全，龍頭與馬頭近似。王充《論衡》曰「世俗畫龍，馬首蛇尾」，是對漢代龍紋的真實寫照。漢以前龍紋除了與鳳紋結合以外均較為單純，而此時的蟠螭紋開始盛行，龍紋相對減少。龍紋常與蟠螭紋一起構圖，龍紋也常附飾於出廓璧及韘形佩、透雕璧等器物，並出現在四靈（青龍、白虎、朱雀、玄武）題材中，多以鏤雕結合細陰線刻的雕琢技法來表現。其時代特徵是：

（1）龍的形體盤旋曲折，多片狀，雕四足，龍的小腿處刻有短陰刻線表示腿毛。

（2）龍頭長似馬頭，額頭凸出一尖角。雲紋耳，龍角近似於鹿角，長而勾捲，分叉的長角也分別勾捲。

（3）龍張口，露利齒，上唇上翹，下唇下捲，下頜呈斧形。杏仁形眼，長眼梢，眼皮下垂。

（4）出現了帶飛翼的龍紋，這是前所未有的，具有神秘感。

西漢　玉龍形環　安徽省天長市三角圩漢墓群出土（引自《安徽館藏珍寶》圖188）

西漢　玉龍鳳紋重環　廣東省廣州市南越王墓出土（引自《中國玉器全集4》圖56）

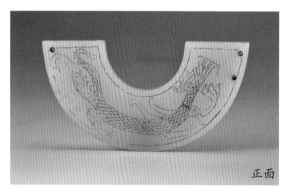

正面

背面

東晉　白玉龍紋璜　安徽省馬鞍山市當塗縣青山
東晉墓出土（引自《安徽館藏珍寶》圖213）

（六）魏晉南北朝時期龍紋

　　魏晉南北朝時期由於戰亂頻繁，社
會動盪，因此，這一時期的墓葬出土的
玉器較少，玉龍紋更是少之又少。我們
在前章介紹的安徽馬鞍山當塗出土的六
朝白玉龍紋璜，上海博物館收藏的白玉
鏤空龍紋鮮卑頭，都是這一時期非常珍
貴的龍紋資料。

　　白玉龍紋璜，龍身細長順璜彎曲，
龍鱗為斜網格紋，三爪，細尾向上翻
捲。昂首，張口露利齒，長角帶鋸齒上
捲，葉形耳，長三角形眼，唇翻捲。

　　白玉鏤空龍紋鮮卑頭，鏤雕，龍體
健壯，作爬行狀，通體飾鱗紋。龍口微
張，露齒，菱形眼，頭上有一對鹿角，
腦後有一絡毛髮。四肢粗壯，前腿處雕
有飛翼，非常特別，是前代所沒有的，

在腿的關節處雕有彎形腿毛。龍爪為三爪，呈張開狀，有尖利的指甲。

此時期的龍紋基本延續了漢代龍紋的風格，相比之下也出現了差異，更加接近後世的龍紋。

（七）唐代龍紋

唐代經濟繁榮，各類器物上的龍紋圖案較多，而出土玉器上的龍紋卻較少，傳世品中龍紋較多。這一時期的龍紋已完全擺脫了前代龍的式樣，千姿百態，氣勢雄偉，顯得莊重而富貴。主要特徵是：

（1）龍身長似蛇，一般身體上刻有龍鱗，有魚鱗紋和斜方格紋兩種，紋飾從頸部直至尾部。禿尾，無任何裝飾。另有素身龍，在龍身兩側有隨形刻的兩條陰刻線，這種雕刻手法一直沿用到宋代。相比較而言，素身龍多於有鱗龍。

（2）龍頭長，花葉形耳。張嘴吐舌，嘴大而長，佔據頭的三分之二。嘴角超過眼角，這一特點是前代所沒有的，在唐代後期嘴角和眼角也有等齊的。

（3）龍的四肢如獸肢，長腿，在腿的關節處有腿毛，有三種形式：其一是一撮毛較寬闊，似山羊鬍子；其二是勾形腿毛；其三是長腿毛呈飄拂狀。在腿的外緣用陰刻線勾勒，以顯示其突出的筋骨。有的龍的後腿彎曲度大，達90°，呈跪臥狀，這是很重要的特

唐　玉龍紋璧（引自上海博物館《中國古代玉器館》簡介）

唐　玉龍紋璧（背面拓片）

點。

（4）龍爪粗壯未伸展，爪尖鋒利，掌心厚實顯得臃腫。

（5）側面龍紋多，正面龍紋少。

（6）唐代的器物上出現了陪襯紋飾，龍紋也不例外。在龍紋的周圍添加的主要有花形雲紋，雲頭寬大，雲頭與雲尾中間用細陰刻線裝飾，有長尾和短尾兩種。另有火焰狀珠紋，襯於龍的首尾之間，這種紋飾始於唐代，此後更加流行。

（八）宋代龍紋

宋代龍紋與唐代的相比差異不大，只是沒有唐代那麼粗獷有力，而是雕刻得更加活潑精細。或隱於花草之中，或騰飛於雲朵中，或翻騰於海浪中，千姿百態。這一時期玉雕龍紋的題材很多，主要特徵是：

（1）龍身粗壯，光素無紋的多，在龍身的兩側刻出兩道陰刻線邊，陰刻線比唐代的粗，從而突顯龍的立體感。

（2）龍的頭形與唐代的基本相同，只是嘴沒有唐代的張得那麼大。嘴角沒有超過眼角，而是和眼角等齊，一般嘴角在眼睛的三分之二位置，但也有少數嘴角超過眼角的。

（3）龍的上唇翹得很高，下唇微微翹起。

（4）在龍的腦後出現兩根細長角，向上勾捲，這在宋以前很少見到。

（5）龍腿長，特別是後腿曲折度大，但比唐代龍顯得鈍，沒有唐代龍看起來有精神、有力量。

宋　玉龍形佩（引自《中國古代玉器藝術・上卷》圖131）

宋　玉龍紋飾件（引自《中國古代玉器藝術・上卷》圖132）

（6）在龍的小腿部位用短小陰刻線來表示腿的汗毛。龍腿的關節處有腿毛，一種為鈎形腿毛，一種為飄浮狀腿毛，長於唐代。

（7）龍的爪子一般為三爪，也有四爪，但很少。伸展的龍爪掌心寬大厚實，而不伸展的龍爪大都十分臃腫。

（8）龍紋的周圍多以雲朵紋、海水、花草、火珠等作襯景。這時的雲朵紋沒有唐代雲朵紋肥碩，雲尾拉長捲雲紋式樣多種多樣。

（九）元代龍紋

元代的龍紋較接近唐宋時期龍紋，龍側身，身軀細長，蜿蜒曲折，似盤旋於空中，氣勢磅礴。這一時期的玉雕技法高超，多採用多層透雕和深雕技法相結合，將龍遨遊於雲海之中的神態表現得淋漓盡致。主要特點有：

（1）龍的身軀與前代有所不同，軀體盤旋曲折而瘦長，頭形瘦長，細長頸，龍頸用重斜刀，使龍頭似斷非斷，立體感較強，這種雕琢技法也常用於其他各類飛禽走獸，這是元代玉雕的一個重要特徵。龍體陰刻斜方格紋，線條較粗深。

（2）龍的毛髮細長，在腦後呈曲折飄拂狀，有單股和雙股兩種。雙股毛髮上下或左右飄拂，線條自然優美。

（3）龍角明顯，有兩種形式：一種是角尖上勾而捲，呈勾雲式；另一種是單叉形鹿

元　玉委角龍紋飾件（引自《中國古代玉器藝術・上卷》圖143）

元　玉委角龍紋飾件（引自《安徽館藏珍寶》圖226）

角狀，與唐代龍角相似。

（4）龍嘴有張口和閉口兩種，張口多於閉口，嘴角不超過眼角。龍的上下顎較長，上唇上翹呈鈎形。

（5）龍的眼睛呈丹鳳眼形，壓在粗眉下，給人以大眉壓眼的感覺，炯炯有神。

（6）龍的四肢矯健有力，腿長，在小腿部有短小陰刻線表示筋骨，這種雕琢手法是元代的蟠螭紋和獸紋雕件共有的。在腿的關節處有細長腿毛，呈飄拂狀。

（7）龍爪以三爪為多，也有四爪、五爪。伸展的龍爪爪尖鋒利，未伸展的龍爪十分臃腫，與宋代相仿。

（8）龍尾似蛇尾，長而尖，一般不加任何裝飾，也有個別龍紋加飾火焰尾。

（9）在龍紋的周圍多有輔助紋飾，有雲朵紋、海水和山石等，此時的雲朵紋多呈靈芝狀。

（十）明代龍紋

明代龍紋題材豐富多彩，龍紋多出現在玉龍鈎和玉帶上，早期仍然保留著元代龍紋的遺風，中期開始逐漸形成本朝的風格，但龍紋畫工簡單草率，精氣神遠不如前代，雕工也比其他任何年代都顯得粗糙。主要特點有：

（1）明代已不見素身龍紋，都是用斜方格紋來表示龍的鱗紋，刻畫的線條較深、粗

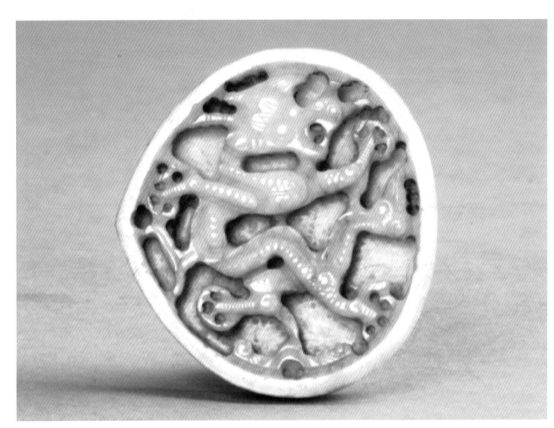

明　玉龍紋桃形帶銙（安徽省東至縣文物管理所收藏）

明　玉龍紋帶銙（引自《玉苑聚珍》圖094）

劣，有崩刀現象。龍體瘦長，尾部有裝飾物，有用火焰紋裝飾的，也有用雲紋裝飾的。

（2）龍頭與元代相比變大，大多為側面。龍的眼睛有三種形式，分別為平點眼「○○」、斜點眼「○。」、上下眼「○」，多採用空心鑽雕成。龍鈎鈎首的眼睛為圓形，眼珠突出得很高，俗稱「蝦米眼」。

（3）龍張口，上下顎較長，下顎有鬍鬚。大鼻子上翹，呈如意形，鼻的兩側有對稱向上的長鬚，這種裝飾在明代龍紋上非常普遍。

（4）龍的毛髮為短髮，有三種形式：其一毛髮向後飄拂（明初），但明顯比元代龍的毛髮短；其二毛髮向上衝（早中期）；其三毛髮向前衝（中晚期），有怒髮衝冠之勢。

（5）龍雙角雕工粗劣，與元代龍角相比大有相形見絀之感。

（6）龍的腿部細長，尤其是小腿部分很細，其間刻有密集的短小陰刻線，在大腿與小腿之間的關節處有刀口很深的捲雲紋，在關節的後面有似山羊鬍子的腿毛。

（7）龍爪呈球形，俗稱「風車爪」，有三爪、四爪、五爪之分，以四爪、五爪為多。

（8）龍紋的周圍常以纏枝花卉、山石、海水、火焰、萬字紋、朵雲紋等襯托，朵雲紋多種多樣，以萬字狀雲紋為多。

（十一）清代龍紋

清代除了側身龍以外還出現了正面龍，與明代龍相比體態健壯，卻顯得蒼老，雖然刻畫得細膩而繁瑣，但是缺乏神韻和氣勢。其特點為：

（1）龍的身軀粗短而笨拙，沒有前代的龍紋活躍、威武，龍身的鱗似魚鱗。

（2）龍頭較明代的短，早期頭形較長，中晚期短而見方，額頭寬闊而飽滿。

（3）龍的雙角粗壯如松枝，髮毛多而蓬亂，呈披頭散髮狀。

清　白玉龍紋鑲件

清　玉龍鳳紋佩　北京市豐台區蒲黃榆出土
（引自《中國出土玉器全集1》圖92）

（4）龍的眼睛是凸雕圓眼，與明代的差不多，蝦米眼較明代更加突出。眉毛為鋸齒眉，在腮的兩側也出現了鋸齒紋。

（5）龍的腿部關節處也有似山羊鬍子的腿毛，比前代的短、寬，另外還出現了鋸齒狀紋飾。

（6）龍爪也是三至五爪，以四爪和五爪為多，龍爪顯得軟而無力。

（7）龍的尾部有多種形狀的裝飾，如秋葉形、火焰形和鋸齒形等。

二、蟠螭紋

螭（彳，傳說中一種沒有角的龍）相傳與龍有關，是龍的子孫。《說文解字》中記載：「螭，若龍而黃，北方謂之地螻。從蟲，離聲，或雲無角曰螭。」《漢書·司馬相如傳》中有「蛟龍赤螭」，注解稱螭為龍子或雌龍。螭的形象猶如壁虎，因此人們也稱其為螭虎、蟠螭、螭龍等。

玉雕上的蟠螭紋迄今所知最早出現於戰國時期並盛行，尤其是漢代蟠螭紋幾乎取代了龍紋成為主要紋飾，漢以後逐漸衰落，尤其是唐宋時期很少。蟠螭紋雖然一直延續至清代，但在形制上變化很大，不同時期，蟠螭的形態各不相同。

（一）戰國時期蟠螭紋

　　戰國時期玉器上的蟠螭紋數量相當多，多出現在劍飾上。主要特點有：

　　（1）蟠螭造型多呈「S」形，軀體上有戰國時期常見的輔助紋飾，如滴水紋、花形紋、連珠紋、柳葉紋、雲紋等。

　　（2）蟠螭的頭部有豎立雙耳，似貓耳。有的頭上有角，也有無角的。蟠螭的角又分葉形角和勾雲形角兩種，比商周時期的龍角長得多，有時在角的下面還有兩耳。

　　（3）蟠螭的頭形如貓頭，正面為多，頸部長而粗，彎度大。嘴巴和頭的輪廓線合在一起不易看見。直鼻，圓眼，多數圓眼帶梢，眼梢上挑，炯炯有神。在雙眉的上面有一道很細很細的陰刻線，有時不易看見，這一特點非常重要，是區別真偽和斷代的重要特徵。

　　（4）蟠螭的右腿比其他三條腿的彎曲度大得多，線條柔和。螭爪往往向上翹起，爪子呈圓形，稍露出爪尖。

　　（5）常見有三種螭尾：其一為陰線刻絞絲尾，這種最常見；其二是禿尾；其三是一長一短的分叉尾。

戰國　玉蟠螭紋劍珌拓片

（二）漢代蟠螭紋

　　漢代是蟠螭紋最鼎盛時期，在很多類型的玉器上都能見到它。其主要特點有：

　　（1）螭紋軀體上戰國時期常見的一些紋飾不見了，只有二字紋和冰字紋等。

　　（2）螭的頭形既像龍頭又像馬頭，除了有短角以外，長角比戰國的更長，角端還出現了分叉。

　　（3）螭的兩耳如哈巴狗的耳朵。雙眉上豎內勾，線條若隱若現，柔中有剛。眼眶下墜，為變體「臣」字眼。在鼻梁的中間有一道較深的凹槽，有時刻成一條粗陰刻線。

　　（4）在螭的額頭中間有一豎凹槽，嘴角部位有一小鑽眼。

　　（5）在螭的肩部出現陰刻倒「人」字形紋，一直延伸至尾部。

　　（6）螭腿比戰國螭的粗壯，只有三條腿，非常特別。

　　（7）螭尾分叉的多，有的呈絞絲狀。

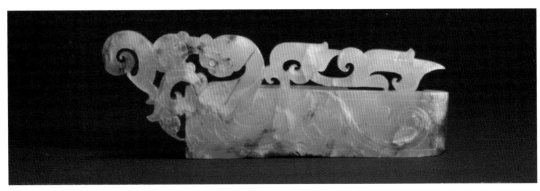

西漢　玉蟠螭紋劍璲　安徽省淮南市楊公鎮窯廠土坑墓出土（引自《安徽館藏珍寶》圖201）

（8）在玉劍璲上往往浮雕子母螭，一大一小，螭頭似蛇頭，耳小，伴有雲氣紋，這種子母螭紋漢代開始出現。

（三）魏晉南北朝時期蟠螭紋

魏晉南北朝時期蟠螭紋為數不多，從少量的考古出土資料來看與漢代蟠螭紋差別不大。主要特點有：

（1）蟠螭紋的身軀有粗和細兩種，從頸部到腹部一直到尾部曲折度大，要比戰國和漢代的螭紋滯笨得多。

（2）蟠螭紋刀法簡單，除了頭部和頸部外，其餘部分只雕琢輪廓線，在螭的肩部也有陰刻倒「人」字形紋，但是只到腹部就沒有了，沒有漢代的長。

（3）蟠螭的雙耳與漢代的相同，角沒有漢代的長。

南朝早期　玉蟠螭紋佩　江蘇省南京市鄧府山3號墓出土
（引自《中國出土玉器全集7》圖182）

（4）蟠螭的眼形與漢代的相同，但眼稍長且往下垂。

（5）蟠螭的腿以弓形腿為多，後腿彎度大，與漢代一樣，也是只有三條腿。

（6）螭尾粗，尾部的捲雲紋較寬大。

（四）唐宋時期蟠螭紋

唐、五代時期的玉器更加趨向於寫實，而出土及傳世玉器中很少見到蟠螭紋，因此，其特點不甚清楚。

宋代開始出現仿古玉，因此，玉器上蟠螭紋多為仿古紋。主要特點有：

（1）蟠螭的頭形和漢代的相同，包括眼形、眉及耳形均與漢代一樣，但眼眶用雙線勾勒，也有在中間加刻眼珠的。

（2）蟠螭的額頭部位出現了很深的一道或兩道橫向陰刻線，也有和漢代一樣的豎陰刻線。

（3）蟠螭的身體滾圓，但背部斜磨成突出的背脊。

（4）蟠螭的臀部厚實而豐滿。

（5）蟠螭四肢的關節處為方角且尖，這與漢代蟠螭的四肢關節完全不同。

（6）在螭的腿部有一若隱若現的凹槽，刻有短小陰刻線（也有不刻此線的）。

（7）螭為四爪，爪尖長而鋒利。

（8）螭的尾常見有三種，分別是單尾、花形尾、雙叉尾。有在單尾和雙叉尾上用陽文刻絞絲紋的，其線條比漢代的密集。

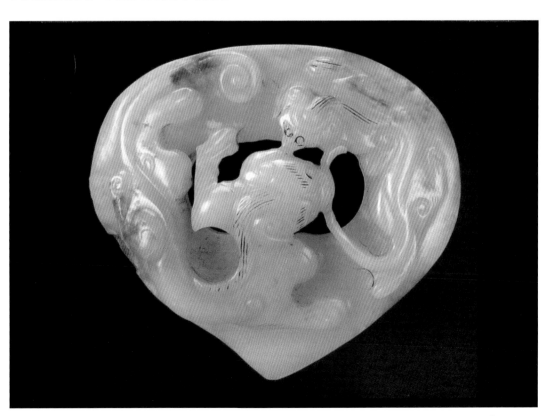

南宋　玉蟠螭紋帶銙　四川省廣漢市和興鄉聯合村出土（引自《中國出土玉器全集13》圖185）

（五）元代蟠螭紋

元代玉器上的蟠螭紋開始增多，如劍飾、帶鈎、帶扣等器物上都常有蟠螭紋出現。其主要特點有：

（1）蟠螭的頭比前代的長，眉、眼、鼻、口都集中在整個面部的下部，占臉的三分之一左右，額部高而寬闊，有時在額部刻有「王」字，或兩橫加一豎。

（2）蟠螭的頭高頸低，頸部下壓，在頸和肩部的交接處似切斷一樣，經過斜磨，立體感很強，這是元代的重刀表現。

（3）蟠螭有角但不長，腦後毛髮長，呈飄拂狀。

（4）蟠螭的眼呈蝦眼狀，在眼的上方眉毛處有一排很細的短小陰刻線，有別於前代。

（5）螭的鼻子大且寬闊，用一道橫線代表嘴巴，有時也不雕嘴，元代的獸類也是這樣。

（6）螭的雙耳為捲雲紋，寬大而線條多，佔據整個臉的三分之一，既不同於前代，也不同於後代。

（7）螭的身體大多是圓身，用陰刻線來表現脊背紋和筋骨。一般在螭身背部的中間刻一道或兩道長陰刻線，從肩部一直到臀部，線的兩邊再刻等距離兩條為一組的短平行線，來表示脊背和骨骼，似竹節斑紋，成為元代蟠螭紋特有的紋飾。

（8）蟠螭的四肢關節呈圓角狀（與宋、明兩代蟠螭紋不同），並附加勾雲紋，每一

元　玉巧雕委角蟠螭紋飾件（引自《嶺南藏玉》圖014）

個關節到臀部共有6～8個勾雲紋飾，均成雙成對，這是元代蟠螭紋最顯著的特點。

（9）螭的雙肩上聳，作爬行狀，兩隻前腿上舉呈投降狀，後腿彎成弓形，臀部以下及四肢細長。在小腿的上部往往刻有排列整齊的短小陰刻線。

（10）蟠螭的尾巴特別長，超過以前各個時期，均為分叉尾，分成兩股，一長一短，呈捲雲狀。

（六）明代蟠螭紋

明代蟠螭紋較為盛行，在玉器上隨處可見，形式多樣，大多圖案化。主要特點有：

（1）蟠螭的頭形比元代的短，眉、眼、鼻、口佔據整個臉的二分之一，額部不高。與元代臉形不同之處是明代蟠螭的臉似貓臉。

（2）蟠螭的眼形有蝦米形、圓圈形、橄欖形等，以雙眼突出的蝦米形為最多，且雙眉豎起。

（3）蟠螭的腦後有一獨角，有的如同野雞毛，或者無角，兩種形式均有。

（4）有多種髮型，有分成兩股向身的兩側飄拂的，有向上衝的，有拖至臀部的，亦有貼肩隨頸飄拂的，等等，變化多端。

（5）蟠螭圓身，身軀的兩側用斜刀琢磨形成脊線，以示脊柱挺拔，這種雕琢技法形成於明代，與元代蟠螭紋有著明顯的區別。

（6）在蟠螭的軀體上紋飾增多，多用橫和豎的細陰刻線裝飾，有的軀體上還出現了闊帶狀的飛翼，這是元代所沒有的。

（7）蟠螭四肢的關節處呈方角，肘和爪部也呈方角，爪尖長而分開。

（8）螭的尾部多數為雙叉尾，還有花形尾等。

明　玉蟠螭紋佩（引自《玉苑聚珍》圖088）

（七）清代蟠螭紋

清代玉雕蟠螭紋無論是造型還是氣勢均遠不如前代，軟弱無力，過於柔和，較為呆板。一般是綜合各代蟠螭紋特點而作，並附加裝飾性圖案，千姿百態。

螭多為浮雕或高浮雕，呈爬行狀，身體較光素，尾為分叉尾，略顯粗短。頭較大，有隆起的圓額頭，下頜有狹窄的鬍鬚。螭的腿部呈方形，腿毛的線條細密且軟弱無力。器物的碾磨和拋光較好，光澤度較強。

清　瑪瑙蟠螭紋觥（引自《中國玉器全集6》圖36）

三、鹿　紋

鹿曾是人類狩獵的主要對象之一，其皮可禦寒，角可做藥材和武器。鹿與「祿」字諧音，在古人心目中是一種瑞獸，有祥瑞之兆，古人借鹿象徵福祿常在，官運亨通。

從考古資料得知，在甲骨文中就有鹿的象形字。玉雕鹿紋最早出現於商代，而戰國到漢代玉器上的動物紋飾多以異獸、龍、蟠螭紋為主，鹿紋難以見到。

到了唐代，鹿紋大量出現，並且出現圓雕的玉臥鹿，一直延續至清代。因此，鹿紋也是玉器發展史中重要的紋飾之一。在不同的時期，鹿紋具有不同的特點，分述如下。

甲骨文中鹿的象形字

（一）商代鹿紋

（1）玉鹿的造型簡單，以片狀雕為主，圓雕器物少；注重鹿角的雕琢，多為誇張的大角，其他部位則僅具其形。

（2）軀體多光素無紋，有的僅用幾條陰刻線將軀體和四肢分開。

（3）尺寸一般在3～4公分，最大的8公分左右，作直立回首狀。

（4）鹿角形態誇張，有三叉角、對稱或不對稱的雙叉角（以此角為多）。另有無角的鹿，稱為麋鹿，雕有兩隻弧形耳。

（5）鹿的眼睛大都用陰刻線雕琢，有小圓眼、菱形眼、「臣」字眼、長方形眼、橄欖形眼等，商代晚期開始出現雙圈眼，但很少。

（6）鹿耳為葉形耳或長圓形耳。

（7）在鹿的頭部或頸部有穿孔，可供佩戴。

（8）鹿圓臀，小尾，粗腿，無蹄，到了商代晚期出現半蹄形腿。

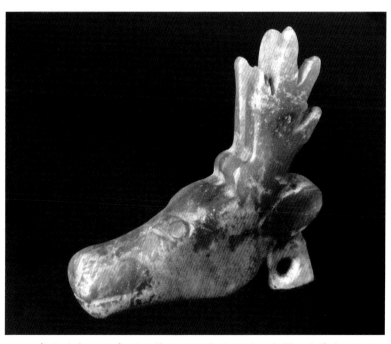

商代晚期　玉鹿頭形飾　山西省靈石縣旌介村2號墓出土
（引自《中國出土玉器全集3》圖58）

（二）西周時期鹿紋

（1）玉鹿多為片狀體，立體雕很少，尺寸略大於商代的鹿，軀體比商代的顯得肥壯，挺胸，小尾。

（2）鹿有回首、前視、俯臥、站立等造型，光素無紋，僅有幾條簡潔的輪廓線。

（3）鹿大耳、大眼，也是用誇張的手法表現鹿角，比商代的鹿角更加突出，如同小樹頂在頭上，角分叉的多，有對稱、不對稱兩種，其中不對稱的長角一直彎到臀部，給人一種頭重腳輕的感覺。

（4）鹿腿粗，足粗，蹄大，腿與蹄部出尖。

（5）穿孔同商代鹿。

（6）磨工精細，光潔度非常強，器物的邊緣較為圓滑。

西周　玉鹿佩　陝西省寶雞市茹家莊1號墓出土（引自《中國文物精華》圖49）

（三）戰國時期鹿紋

（1）玉鹿與前代相比更加寫意化了，形式沿襲西周鹿紋，以片狀為多，姿態有站立、俯臥、跪式等，以站立者為多，體態逼真，刀法簡練。

（2）戰國晚期出現了造型新穎優美的奔鹿，它的出現是鹿紋史上的一個轉折點，這種刻意美化的鹿的姿態改變了前期對鹿角單調的藝術誇張，並為後期豐富多彩的裝飾圖案奠定了基礎。

（3）鹿的軀體較西周瘦長而苗條，前胸挺起，尾小，腿粗，足部結構明顯，蹄足明顯出尖。

（4）鹿出現了一根大的獨角，分叉很多彎至臀部，角枝比西周的粗壯。

（5）鹿嘴微微張開，圓眼帶梢，眼梢上挑或下垂且見峰，採用斜挖壓磨的雕琢技法，使得眼睛微微凸出，這種眼形同樣也出現於禽獸類，為戰國時期獨有的特點。

（6）鹿的身上出現了小的圓圈紋飾，腿部與腹部用短小陰刻線表現細毛，使鹿的形象更加生動活潑。

戰國　玉鹿佩（線圖）

（四）漢代鹿紋

漢代的玉鹿紋並不多見，只是在一些玉飾件上有鹿紋裝飾。主要特點有：

（1）鹿的身體細瘦苗條，尾巴加長，軀體上出現梅花點及簡單的飛翼裝飾，顯得生動自然。飛翼早在周代就已發現，但這種圖案化佈局真正表現於獸類身上只在漢代才出現。

（2）鹿大多呈奔跑狀，靜態的很少，在鹿的旁邊出現了長角勾雲式的陪襯紋飾。

（3）鹿角更加寫實、形象化，不像前期的那樣誇張了，已不見多叉角。

（4）鹿的頸部瘦長，腿也變得細長，顯現出優美的姿態。

漢　漆器繪畫鹿紋（線圖）

（五）南北朝時期鹿紋

南北朝時期十分重視石雕工藝，玉器製作業處於低谷階段，因此玉雕鹿紋並不多見，從為數很少的器物來看，主要有奔鹿和臥鹿兩種，雕琢的線條流暢，刀刀見鋒。主要特點有：

（1）突出鹿細長的四肢，前後挺直伸開，短尾上翹。

（2）用弧線勾成的對稱分叉雙角與前期的相同，線條柔中帶剛，寫實與寫意並存。

（3）鹿的身上用很纖細的陰刻線雕出小圓圈表示斑點，錯落有致。

（4）鹿的身旁出現了很多陪襯紋飾，如火焰紋和捲草紋等。還有一種像小鳥一樣的雲紋裝飾，是前代所沒有的，是唐代長角雲紋及短角雲紋的前身。有單線或雙線勾雲紋分佈於鹿的腳下，以顯示奔鹿的速度。

（5）鹿身上的飛翼與前期的不同，短小而更加漂亮，有單線和雙線兩種，線條纖細。

（6）鹿的頸部及腿部刻有密集的短小陰刻線，以表示皮毛，增加了真實感。

南北朝　鹿紋玉佩（線圖）

（六）唐代鹿紋

唐代玉器注重寫實，鹿紋雕琢更具有濃郁的生活氣息，常見靜立、臥、前視或回首等姿態，形象生動。以往奔鹿的造型不常見，以鹿紋為題材的掛件增多。主要特點有：

（1）鹿有腫骨鹿和長角鹿兩種。腫骨鹿始於唐代，角呈花朵形或靈芝狀。長角鹿的角有兩種，一種為勾雲式長角，一種為分叉獨角，兩種角很近似。

（2）鹿的體態豐滿，用隱起法表現鹿的肌理，顯得有骨有肉，形態逼真。

（3）鹿的頸長比例適中，身上的梅花點分佈稀疏而均勻，粗細陰刻線的運用互相結合。用粗陰刻弧形線表現鹿的輪廓及四肢，腿細長，後腿彎曲度大，用細密短小的陰刻線表示皮毛，線條流暢，刀法嫺熟，無跳刀和崩裂現象。

（4）鹿的頭部較為寫實，額部、鼻子、腮部結構分明。

（5）用陰刻線表現鹿的多種眼形，主要有：三角形眼，如「△」「▽」；菱形眼，如「◇」；小圓眼，如「○」「⊙」；圓點眼，如「‧」；滴水狀眼；等等。

（6）鹿的穿孔較大，自上而下穿透背部，有圓形、腰圓形和長方形等。

唐　銅鑲玉鹿紋帶扣（引自《中國古代玉器藝術‧下卷》圖166）

（七）宋代鹿紋

（1）宋代的玉鹿紋沿襲了唐代風格，體態卻沒有唐代的那樣豐滿，顯得苗條。鹿的形象古樸有餘，矯健不足。鹿紋周圍出現了陪襯紋飾。

（2）腫骨鹿較多，多為圓雕或片狀掛飾，玉帶銙上也盛行雕琢鹿紋。鹿角多呈扇形，角上有陰刻直線（也有不雕陰刻直線的），3～5道，陰刻線尖端見鋒。

（3）鹿的眼主要有菱形眼「◇」和小圓眼「○」兩種。

（4）用陰刻線劃分鹿的頭部與頸部、腹部與腿部。

宋　玉臥鹿　北京師範大學工地清代黑舍里氏墓出土（引自《中國出土玉器全集7》圖28）

（5）鹿的腿部雖有彎曲度，但彎曲度沒有唐代的大（尤其是後腿），彎角處出現了方角。

（6）鹿的背部用短小陰刻線表示皮毛紋，有長有短，排列得不整齊，其刻紋沒有唐代的細緻。

（7）鹿有較大的穿孔，自上而下穿透背部，穿孔有圓形、腰圓形、長方形等，與唐代的相似。

（八）遼金時期鹿紋

遼金時期玉鹿紋一方面受宋代漢文化的影響，另一方面也具有鮮明的民族文化特色，很多為秋山玉題材，表現了遼金貴族射虎殺鹿的狩獵活動，畫面有山石、柞樹、群鹿組合的狩獵場面，有山林群鹿圖，有山林熊鹿圖，也有虎鹿並存圖，雙鹿圖，等等，充滿了山林野趣，有著濃郁的北國風情，這些都有別於宋代鹿紋的風格。有的器物採用了多層次鏤雕技法，立體感強。

（九）元代鹿紋

（1）鹿呈直立狀的較多，往往與松樹、靈芝、壽桃等組成一幅幅美麗的圖畫，沒有單獨的鹿紋。

（2）用短小陰刻線勾勒鹿的外輪廓線，並以此來表示皮毛，這種雕琢手法從元代開始一直到明代中晚期，同時也表現於各類禽獸件上。

（3）在鹿的頭與頸、軀幹與四肢等主要部位採用重刀的雕刻技法，刻痕較深，似斷非斷，富有立體感，這是元代鹿紋不同於其他朝代的重要特點之一。

（4）鹿角為勾雲長角。

遼金　玉鹿紋飾件（引自《中國古代玉器藝術‧下卷》圖206）

元　玉雙鹿紋提攜（引自《中國古代玉器藝術‧下卷》圖208）

（5）採用深雕技法，用圓鑽鑽眼去地，因鏟地時有輕有重，雖然地子鏟平了，卻不再進行打磨加工，所以仍然遺留有鑽痕，如帶飾板、假山等器物的背面，均遺留有鑽痕，這是元代雕琢技法的重要特點之一。而明清的玉雕件進行了打磨加工，鑽痕就不復存在。

（十）明代鹿紋

明代無論是圓雕鹿紋還是淺浮雕、鏤雕鹿紋，一般是只求表現鹿的形式，不求表現鹿的動感，圖案佈局繁複，線條隨意草率和粗糙，往往會出現崩裂和毛刀的現象，器物的地子打磨也不平整。主要特點有：

（1）單獨的鹿紋很少，一般是與其他圖案組合。玉鹿主要有兩類：一為圓雕，另一為片雕。圓雕件的鹿常與壽星或山石組合在一起，以臥鹿為多，可作為擺件。片雕件鹿紋常裝飾於帶飾板或牌子，鹿多為站立狀，周圍多有松樹、山石或草作陪襯。

（2）和元代一樣，也是用短小陰刻線來勾勒鹿的外輪廓線，並以此來表示皮毛。身上用陰刻線雕琢「米」字紋，如「⁎⁎」；「木」字紋；「二」字紋，如「☰」；等等，以表示梅花鹿的斑紋。

（3）鹿的身體瘦長，臀部下塌，四肢很細，有的直立，有的呈踱步狀。

（4）長頸；長耳向上豎起，很像兔子的耳朵；有的有角，也有的無角；眼睛以菱形眼為多。

（5）到了明代晚期（天啟、崇禎時期），鹿蹄開始分叉，呈「人」字形。

（6）天啟年間出現鹿與雁組合的圖案，在鹿的上方刻有雁紋，寓意「鹿鳴雁（宴）」。

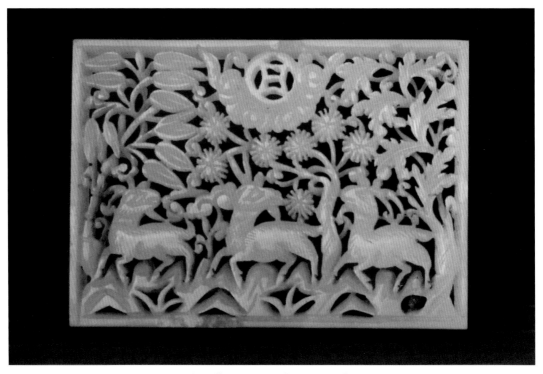

明　玉鹿紋帶銙（引自《玉苑聚珍》圖097）

（十一）清代鹿紋

清代的玉鹿紋題材廣泛，較為寫實，紋飾的雕琢多採用陽紋，器物碾磨光潤，且拋光較好。主要特點有：

（1）鹿的身軀較瘦，身上雕有一行一行的短陰刻線，排列整齊，這種毛片的雕琢手法有別於前代；或雕圓圈以表示梅花點，刻刀深且寬；或雕刻排列整齊的「米」字紋（較小）。有的鹿光素無紋，只是在脊背上刻一道陽紋線，兩側有極細且排列整齊的陰線。

（2）鹿的眼睛為圓圈眼「○」、菱形眼「◇」，與前代不同的是眼眶為陽紋，眼珠突出。

（3）有蝙蝠與鹿組合，寓意「福祿」；還有蝙蝠與鹿和壽星組合，寓意「福祿壽」。

清　瑪瑙松鹿紋花插（引自《中國古代玉器藝術·下卷》圖305）

第五章

玉器作偽及鑑別

現代社會人們的生活富足，收藏和研究古玉器的人數與日俱增，對玉器的需求量很大，而古玉器是不可再生的，因此，在高額利潤的誘導下，仿古玉器氾濫，充斥著玉器市場。

一、現代仿古玉的製造

鑒定仿古玉器首先要辨別玉質。如今市場上仿古玉器所使用的玉料多為青海玉和俄羅斯玉，而這兩種玉料都是在20世紀90年代初期開發出來的，這兩個玉種的特點在前面章節均已介紹。另外，仿古玉器還使用岫岩玉、獨山玉等材料。

其次，是仿古玉的形制。一是完全以古玉器為藍本進行仿製。按照古玉器樣式製作仿古玉，這種仿製方法自古有之。尤其是乾隆時期非常盛行，參照宮中收藏的古玉進行仿製，無論是造型還是尺寸、工藝、沁色都非常相像，在前面章節已作介紹。而現代仿古玉的製作者手中並無古玉可參照，只能依據圖冊從器形、紋飾、尺寸等方面進行仿製，書上的玉器圖樣由於攝影的角度及色彩方面的因素，與實物會有一定的偏差，所以只能仿其大概。此類仿古玉器一般只是形似而非神似，只要從玉器的玉質、刀工、沁色等方面仔細觀察，總是能看出破綻的。

仿良渚文化玉琮

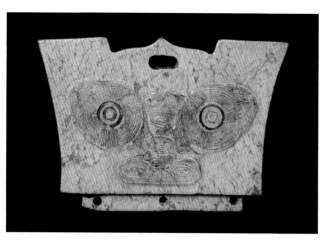

仿良渚文化玉冠狀飾

仿古玉龍形佩

仿古玉龍形佩

二是局部按古器仿製，略微帶有變化，或拼湊圖案。現代仿古玉的製造者為了掩飾其仿古的意圖，使自己的作品不易被識破，故意將器形和紋飾進行改造變換。有時張冠李戴，如：器形是漢代的，紋飾卻是明代的，更有甚者把不同時代的紋飾圖案拼湊在一件器物上，整體風格不倫不類，這類玉器總有種讓人看不明白的感覺。因此，我們在識別古玉時，不僅要看造型，還要看紋飾，造型與紋飾的時代風格一定要統一。

仿古玉龍鳳紋佩

仿古玉獸面紋瓶

三是完全的臆造。這一類仿古玉是工匠憑空想像製造出來的，造型古怪，紋飾略帶古意，在以往的古玉器中從來沒有出現過。出售者甚至編造出剛剛在某某地方出土的故事，或是埋在地下帶你親自去挖，這你總該相信吧。遇到此類玉器更要擦亮眼睛，尤其要注意，不能聽信故事。

玉雕車馬

正面

側面

玉雕食人獸擺件

　　古代玉器的沁色是因古玉長年埋於地下受泥土中各種礦物質的侵蝕所產生的玉本色以外的顏色。通常土沁呈黃色，血沁呈紫紅色，水沁呈白色，水銀沁呈黑色，銅沁呈綠色，等等。由於出土玉器的質地本身有優劣之分，加上長期受到土埋、水浸，致使玉質、玉色或多或少發生了改變。就是同一墓葬出土的玉器，由於在墓葬中所處的位置及與玉器相鄰物質的不同，受沁顏色和深淺程度也有所不同。因此，出土的玉器沁色會有千差萬別，這些沁色與玉融為一體，侵蝕至玉的肌理中，非常自然。這樣形成的土沁、血沁、水沁等，是用刀子也刮不掉的。

漢　玉渦紋璧

戰國　玉獸面紋飾件

清　玉扁豆（出土）

　　而仿古玉是進行人工染色做偽沁，最常見的有石灰沁、黑漆古及棗皮紅等。在前面的章節中已經介紹了古代仿古玉器製作偽沁的手法，現代玉器作偽者在採用古代作偽方法的同時，還運用了高科技，手段更是層出不窮。現代仿古玉做舊方法主要有：

1. 酸腐蝕法做舊

　　酸腐蝕法所用原料主要有氫氟酸、硝酸或硫酸等。將氫氟酸溶液按一定比例稀釋，把仿品浸泡4～10個小時，玉器的表面會出現所謂的白灰皮，在不需作灰皮的地方則在浸泡前用石蠟拌少許粗沙粒封上隔離（行內稱之為「留窗」），同時要對石蠟外形進行修飾，使之成為不規則狀。用此方法能起到隔離強酸的作用，使「留窗」的外觀比較自然。如果需要仿品在某些地方有其他的沁色，再局部染色。

　　染色前要將玉器加熱，玉器在加熱後質地鬆散的地方會出現裂紋，這樣顏色容易滲進玉體。而後局部塗上顏料，一般都是用化學顏料調製成液體，局部上色，顏色有黑、紅、黃、褐等，顏色的深淺視需要而定。

　　此外，還有用硝酸、硫酸各一半加水稀釋浸泡器物，主要作用是使酸液浸入玉的縫

隙，這樣做出的仿古玉使人感覺灰皮已深入到器物的內部。

2006年春天，筆者在安徽省蚌埠市仿古玉器市場考察時，發現玉作坊的工人在用噴燈對大型玉器加熱，噴燈所噴出的火焰具有很高的溫度，可高達800～1000℃。玉器加熱後，將其放入有顏料的容器內浸泡著色。

酸做舊仿古玉龍形佩

酸做舊仿古玉璧

2.火燒玉作舊

　　火燒玉在古代即有，一種是房屋失火自然燒成的火燒玉；另一種是玉的質地差，用火燒來掩飾玉質的好壞。

　　現代火燒玉是純粹的做舊。一般是將準備做舊的玉器表面塗上氫氧化鈉，再用石灰把器物包裹好，放到鋸末裏燜燒兩天，這樣燒出的玉器呈白色，冒充雞骨白。或取出熱玉後用冷水激一下，這樣玉會出現細紋，或將熱玉放在有高錳酸鉀的冷水中浸泡，就會產生血色牛毛紋。這些工序完了以後再用砂紙加上豬油進行打磨拋光，一件仿古玉器就完成了。

火燒做舊仿古玉環

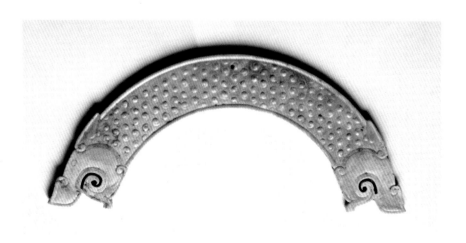

火燒做舊仿古玉龍首璜

3. 高壓做舊

　　高壓做舊又稱鹼性做舊。據介紹，高壓做舊首先要將需做舊的玉器打磨，在玉器的表面需要著色的地方塗上硫化汞（黑）或三氯化鐵（黃），然後用按一定比例混合的矽酸鈉、碳酸鈉和氫氧化鈉加點豬油將玉器包裹在內，放到封閉的高壓釜內（不銹鋼製作的）。加壓和加溫同時進行，用儀錶監測壓力和溫度，一般壓力控制在80～120個大氣壓，溫度控制在160～200℃，約需4天時間完成。取出後用二氧化碳熱風吹乾，再用硫酸還原，表面即呈現出白灰皮和玻璃光，並有色澤沁入。

　　上述的幾種做舊方法中，以酸腐蝕做舊法使用較多，各地玉作坊的操作方法均不同，如用酸的比例、器物浸泡的時間以及顏色的配方都有差異，所以做舊的效果也有所不同。無論用什麼方法做舊，都只能腐蝕玉的表面，顏色都不能沁入玉的肌理，只是浮於表面，不自然，與幾百年上千年所形成的沁色相差甚遠。經化學處理過的仿古玉器，如佩戴對人體是有害的。

　　此外，現代玉材中有的具天然形成的顏色，有的人選擇這一類的玉料做仿古玉。如俄羅斯玉中的灰皮料，無需做舊，常被人用於做仿古玉。

　　另外，玉器的雕琢工藝特徵及技法也是識別仿古玉的重要依據。古代玉器製作從來都是不計工本，不惜勞力，雕琢精細，尤其皇家用玉更是如此。現代仿古者則是急功近利，刻意模仿，生怕走樣，做出的器物紋飾較為呆板，常常是形似而非神似，總會露出一些蛛

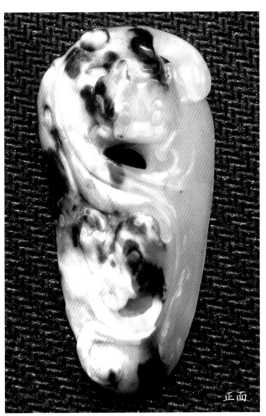
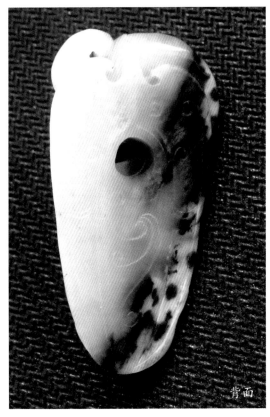

正面　　背面

俄羅斯玉灰板料雕螭紋佩

正面　　　　背面

俄羅斯玉灰皮料雕蟬

市場上的各式仿古玉

絲馬跡。

　　常言道「道高一尺，魔高一丈」，無論是作偽的手段如何高明，只要掌握古代各個時期玉器的時代風格、玉質、造型、紋飾及工藝特徵，不斷充實自己，提高鑑別能力。拿到一件玉器時細心觀察，仔細比較，綜合考慮，偽玉就無處藏身了。

市場上各式仿良渚文化玉琮

三、玉器的收藏與投資

中國玉器因為歷史悠久，具有豐富的文化內涵，堅固耐久，易於保存，便於攜帶和展示，有較好的保值性，所以受到大眾的青睞。一直以來玉器的收藏、交流及拍賣均為收藏界的一大亮點。

收藏古代玉器首先要學習理論知識，多看專業書籍，掌握豐富的玉器鑒定基礎知識，多去博物館參觀，儘量多接觸實物，將理論知識和實踐經驗相結合，從而提高自己的鑒別水準。不能光注重玉器的經濟價值而忽略了其歷史、藝術、科學價值。

其次是要端正態度，不能總抱著「撿漏」的心態搞收藏。在購買時，要多看，多比較，既不能衝動，也不能盲目。在旅遊景點、玉石的產地及其地攤購買玉器時需慎之又慎。

收藏古代玉器需要有眼力、財力，同時還要有魄力。要有一顆平常心，有一定的心理承受能力，無論得到器物是真是偽都要有足夠的思想準備。收藏者應根據自己的經濟實力，量力而行，循序漸進，不要盲目跟風。

如果有條件的話，可以向專家請教。畢竟專家對出土的器物看得多，掌握的資料也多，並且有深入的研究，可多聽取他們的意見，以免上當受騙。

再者，在當今贗品大量充斥市場的情況下，可以將收藏的目標對準新玉器，只要是玉質優良、題材好、工藝好、藝術性高的精品之作，均可收藏。

參考文獻

〔1〕夏鼐・商代玉器的分類、定名和用途。考古，1983，（5）：456。

〔2〕夏鼐・漢代的玉器。考古學報，1983，（2）：124-143。

〔3〕劉國祥・牛梁河第十六地點四號大型墓形制及出土玉器分析・中國文物報，2008，（1686）。

〔4〕中國玉器全集編委會・中國玉器全集・石家莊：河北美術出版社，1993：242。

〔5〕安徽省考古研究所・潛山薛家崗・北京：文物出版社，2004。

〔6〕安徽省考古研究所・凌家灘——田野考古發掘報告之一・北京：文物出版社，2006：289。

〔7〕隨縣擂鼓墩一號墓考古發掘隊・湖北隨縣曾侯乙墓發掘簡報・文物，1979，（7）：1-24。

〔8〕河北省文物管理處・河北省平山縣戰國時期中山國墓葬發掘報告・文物，1979，（1）：1-31。

〔9〕中國社會科學院考古研究所，河北省文物管理處・滿城漢墓發掘報告・北京：文物出版社，1980。

〔10〕廣州象崗漢墓發掘隊・西漢南越王墓發掘初步報告・考古，1984，（3）：222-230。

〔11〕安徽省考古研究所・巢湖漢墓・北京：文物出版社，2007。

〔12〕揚州博物館・江蘇邗江縣甘泉老虎墩漢墓・文物，1991，（10）：62-70。

〔13〕安徽省亳縣博物館・亳縣鳳凰台一號漢墓清理簡報・考古，1974，（3）：187-190。

〔14〕洛陽市文物工作隊・洛陽曹魏正始八年墓發掘報告・考古，1989，（4）：314-318。

〔15〕安鄉縣文物管理所・湖南安鄉西晉劉弘墓・文物，1993，（11）：1-12。

〔16〕施博・記南京東晉高崧家族墓出土文物・文物天地，2000，（1）：11-13。

〔17〕王峰・當塗六朝家族墓出土珍貴青瓷・文物天地，2004，（7）：60-65。

〔18〕中國出土玉器全集編委會・中國出土玉器全集・北京：科學出版社，2005：166。

〔19〕黎瑤渤・遼寧北票西官營子北燕馮素弗墓・文物，1973，（3）：2-28。

〔20〕員安志・中國北周珍貴文物——北周、初唐、盛唐、中晚期唐考古發掘報告之一・西安：陝西人民美術出版社，1992：60-70。

〔21〕許勇翔・唐代玉雕中的雲龍紋裝飾研究・文物，1986，（9）：58-62。

〔22〕中國美術全集編委會·中國美術全集·玉器·北京：文物出版社，1986：116。

〔23〕唐金裕·西安西郊隋李靜訓墓發掘簡報·考古，1959，（9）：471-472。

〔24〕陝西省文物管理委員會·西安郭家灘隋姬墓清理簡報·文物參考資料，1957，（8）：65-66。

〔25〕鄭洪春·西安東郊隋舍利墓清理簡報·考古與文物，1988，（1）：61-65。

〔26〕陝西省博物文管會革委會寫作小組·西安南郊何家村發現唐代窖藏文物·文物，1972，（1）：30-42。

〔27〕劉雲輝·北周隋唐京畿玉器·重慶：重慶出版社，2000：21-51。

〔28〕南京博物院·南唐二陵發掘簡略報告·文物參考資料，1951，（7）：129-163。

〔29〕杭州市文物考古所·浙江臨安五代吳越國康陵發掘簡報·文物，2000，（2）：4-34。

〔30〕石谷風·合肥西郊南唐墓清理簡報·文物參考資料，1958，（3）：65-68。

〔31〕黎毓馨·杭州雷峰塔地宮出土玉器綜述·中國隋唐至清代玉器學術研討會論文集·上海：上海古籍出版社，2002：9-12。

〔32〕馮漢驥·前蜀王建墓發掘報告·北京：文物出版社，1964：29-51。

〔33〕定縣博物館·河北定縣發現兩座宋代塔墓·文物，1972，（8）：39-51。

〔34〕張先得，黃秀純等·北京市房山縣發現石槨墓·文物，1977，（6）：78-80。

〔35〕陳柏泉·上饒發現雕刻人物的玉帶牌·文物，1964，（2）：67-68。

〔36〕衢州市文管會·浙江衢州市南宋墓出土器物·考古，1983，（11）：1004-1011。

〔37〕邱登成，周金山，鐘小林等·四川廣漢南宋窖藏玉器·中國隋唐至清代玉器學術研討會論文集·上海：上海古籍出版社，2002：21-29。

〔38〕盧茂村，王少清·休寧朱晞顏墓出土遺物及其有關問題的探討·安徽文博，1984，（4）：56-62。

〔39〕內蒙古自治區文物考古研究所·哲里木盟博物館·遼陳國公主墓·北京：文物出版社，1993：80-103。

〔40〕翁牛特旗文化館，昭烏達盟文物工作站·內蒙古解放營子遼墓發掘簡報·考古，1979，（4）：330-334。

〔41〕黑龍江省文物考古工作隊·松花江下游奧里米古城及其周圍的金代墓葬·文物，1977，（4）：56-62。

〔42〕北京市文物工作隊·北京金墓發掘簡報·北京文物與考古，1983，（1）：55-72。

〔43〕白冠西·安慶市棋盤山發現的元墓介紹·文物參考資料，1957，（5）：55-56。

〔44〕無錫市博物館·江蘇無錫市元墓中出土的一批文物·文物，1964，（12）：

52–60。

〔45〕南京市博物館‧南京明汪興祖墓清理簡報‧考古，1972，（4）：31–33。

〔46〕吳興漢‧嘉山縣明代李貞夫婦墓及有關問題的推論‧文物研究，1988，（4）：99–103。

〔47〕山東省博物館‧發掘明朱檀墓紀實‧文物，1972，（5）：25–36。

〔48〕上海博物館‧上海浦東明陸氏墓記述‧考古，1985，（6）：540–549。

〔49〕陳文華‧江西南城明益端王朱祐檳墓發掘報告‧文物，1973，（3）：33–45。

〔50〕江西省文物管理委員會‧江西南城明益莊王墓出土文物‧文物，1959，（1）：48。

〔51〕中國社會科學院考古研究所，定陵博物館，北京文物工作隊‧定陵‧北京：文物出版社，1990。

〔52〕王德慶‧睢寧發現一批玉器‧文物參考資料，1956，（11）：74。

〔53〕蘇天鈞‧北京西郊小西天清代墓葬發掘簡報‧文物，1963，（1）：50–58。

後 記

自20世紀80年代初開始，我一直受到張永昌、楊伯達、牟永抗、雲希正等老前輩的教誨和關懷，他們將畢生的學識和經驗傳授於我，他們無私奉獻的敬業精神、科學嚴謹的治學態度，給我留下了深刻的印象，在此向各位恩師致以深深的謝意！現如今張永昌先生已經離開我們4年多了，此書是我緬懷先生的最好方式。

撰寫此書得到了國家文物進出境審核安徽管理處周京京、李廣寧兩位領導的大力支持，以及董伯信老師夫婦的鼓勵與幫助，使我增加了勇氣和信心，在此表示由衷的感謝！

此外，在撰寫本書時文中尚有部分圖片由於作者的通信地址不詳，未能取得聯繫，深表歉意。請原作者與本人聯繫，商榷稿酬事宜。

在本書的編寫過程中，得到了楊瑞玖、程京安、周錦、董松、談建農、傅渝、虞海燕、劉淳等同仁的大力支持與幫助，在此深表謝意！

作者

慧娟同學：

古玉器研究是一門深奧的學科，它的產生、成長和發展，源遠流長，歷史悠久，可與任何工藝品的歷史的、科學的、文化藝術的、社會經濟的最高價值相抗衡。因此，它的社會地位很高，是我國文物寶庫中的重要瑰寶之一。

您是我的學生，經多次觀察，發現您具有強烈的進取毅力，並且又在崗位上從事古玉器的整理和研究的工作，望本著"學無止境"，"不進則退"，見古人勉勵自己的名言警誡，日積月累，您必須樹立起攀登高峰的堅強意志，結合文獻史料知識以充實和加強自己在鑑定方面的內在條件，才為國家作出更多的新的貢獻，那末，我們這些老年人就感到這樣和那樣的後繼之憂了。

張永昌
1989.6.9日